Escuela de valientes

Nessita Arauz

Escuela de valientes

Los transtornos de ansiedad como
camino de crecimiento personal

URANO

Argentina – Chile – Colombia – España
Estados Unidos – México – Perú – Uruguay

1.ª edición Mayo 2019

© Nessita Arauz, 2019
© 2019 *by* Ediciones Urano, S.A.U.
Plaza de los Reyes Magos, 8, piso 1.º C y D – 28007 Madrid
www.edicionesurano.com

ISBN: 978-84-16720-64-4
E-ISBN: 978-84-17545-62-8
Depósito legal: B-7.467-2019

Fotocomposición: Ediciones Urano, S.A.U.
Impreso por Rodesa, S.A. – Polígono Industrial San Miguel – Parcelas E7-E8
31132 Villatuerta (Navarra)

Impreso en España – *Printed in Spain*

Índice

Introducción

Comienzo a escribir conteniendo muchas emociones. He de reconocer que me ha llevado varios meses encontrar el momento de sentarme frente al ordenador para soltar todo lo que hay dentro de mí. Y ahora quiero compartirlo en estas páginas.

Escuela de valientes nace como una extensión de lo que fue, hace seis años, mi primer pequeño libro *Vivir sin ansiedad*, una guía práctica de poco más de cien páginas donde cuento brevemente mi experiencia como superviviente de un trastorno de pánico con agorafobia que me tuvo limitada durante varios años.

Ahora mismo lo tengo entre mis manos y puedo sentir un enorme cariño, a la vez que un profundo sentimiento de agradecimiento, mezclado con satisfacción y cierto grado de orgullo (por qué no reconocerlo).

Jamas imaginé que algo tan pequeño, hecho desde la inexperiencia pero con una gran intención y alma, acabara por convertirse en algo tan potente. Durante los últimos años, y casi sin darme cuenta, *Vivir sin ansiedad* ha ido sumando miles de corazones, los cuales han compartido su sentir con el mío de aquellos duros momentos.

Jamás pude imaginar que sembraría una semilla que acabaría por convertirse en un método profesional que cambiaría la vida de miles de personas.

Siento desde lo más profundo de mi ser que estoy cumpliendo un sueño. O más bien estoy viviendo mi propio sueño con consciencia de sueño hecho realidad; porque son mis mismas emociones, mis mismos sentimientos, mis mismas ilusiones e intenciones, las que hacen que, seis años más tarde, me encuentre aquí de nuevo, en esta nueva oportunidad, para poder compartir mi experiencia, partiendo desde el mismo lugar que la primera vez y sumando la evolución que le ha seguido, porque donde creí que terminaba todo, resultó que tenía lugar un nuevo comienzo.

Este libro es un manual de transformación, desde el miedo patológico hasta la libertad, donde no voy a guardarme absolutamente nada.

Siento que el valor de la vida lo determinan las experiencias que vives y el legado que dejas; que venimos aquí con un propósito o misión, y yo me siento muy afortunada de poderlo vivir de manera consciente.

Me llena el alma aprender y compartir, y para mí es un regalo que participes de ello. Porque si estás leyendo estas páginas, es que me estás regalando tu tiempo y tu atención, y algo de mí quedará contigo para siempre. ¿Eres consciente de la magnitud de esto? Yo sí, por eso quiero empezar esta aventura contigo ante todo diciéndote un enorme «GRACIAS».

Si soy un ápice del universo, con la capacidad y consciencia para crecer, aprender y evolucionar, siento el compromiso vital de compartirlo con el mundo, porque todos somos uno y todo lo que yo soy aquí y ahora, con mis luces y sombras, no es otra cosa que la materialización de otras evoluciones. Del mismo modo, el aprendizaje que te llegue a través de estas páginas también condicionará, de alguna manera y de forma involuntaria, a todo el universo de personas que te rodea.

Una vez más, gracias, por tu confianza, por elegir sumergirte en estas letras. Pongo a tu servicio todo lo que he aprendido, he estudiado y, sobre todo, he vivenciado tanto en primera persona como en el acompañamiento de centenares de personas que se han visto limitados de algún modo por sus miedos.

Aunque la base de este libro sea la neurociencia, voy a escribirte de una manera sencilla. Te propongo que mientras me lees te tomes una infusión, me gusta imaginarme que estoy tomándola contigo mientras te cuento todo lo que necesitas saber acerca del mundo de la ansiedad y los miedos.

Me encantaría que cuando acabes de leer hayas alcanzado tal afinidad conmigo que si un día me encuentras por la calle puedas acercarte con la confianza de regalarme un pedazo de achuchón, como si me conocieras de siempre.

Quiero acompañarte en tu proceso de superación y aprendizaje como si fuera una pequeña (porque mido 157 centímetros, no por otra cosa ☺) sherpa emocional. Vamos juntos hacia la cima, donde podrás observar todo desde una perspectiva que no habrás visto antes, donde podrás comprender, entender y además experimentar una profunda transformación que cambiará tu vida para siempre. Por eso te invito a que ¡despegues tus alas, porque nos vamos de viaje hacia la libertad!

Los dones que se esconden tras la ansiedad

Todas las personas tenemos miedos. El miedo es una emoción básica e instintiva asociada a la consciencia de peligro, no tiene que ver con el peligro real. Esto significa que puede que estés en peligro pero que no te des cuenta y, por lo tanto, no sientas miedo; o bien puede, por el contrario, que tengas consciencia de muchas posibilidades de peligro y, sin embargo, ninguna se cumpla.

Te pongo un ejemplo: puedes ir por la calle, que se acerque un atracador por detrás de ti, que tú no lo hayas visto y te tire del bolso (no has sentido miedo pero estabas en peligro); o puede que vayas por la calle pensando que puede venir un atracador y quitarte el bolso y que eso no ocurra (sientes miedo pero no estás realmente en peligro).

Tener miedo no es un problema, solo significa que estás siendo consciente de una posibilidad de peligro que puede que ocurra o que no. Esto es lo que te han enseñado como «peligros irreales» y que yo, sin embargo, denomino alta capacidad de consciencia. Esto, unido a una gran creatividad, hace que ante una determinada situación puedas imaginar en menos de un segundo cientos de posibilidades terribles en tu mente, lo cual, muy pesar de la industria farmacéutica y pese a lo que te han podido enseñar, no significa que seas un enfermo, sino más bien que tienes unos dones que se esconden detrás de una mente espectacular.

Existen muchos modelos de cerebro. A menudo suelo hacer una comparación con los coches: hay mentes que funcionan como un Ford Fiesta y otras, como un Ferrari. Dependiendo de la biología, estructura y los condicionamientos propios de la experiencia y la genética, se pueden desarrollar una serie de particularidades que hacen que puedas interpretar e incluso sentir tus emociones de maneras muy distintas, no solo en intensidad, sino también en profundidad.

La capacidad de conciencia del ser humano depende en gran parte de una estructura del cerebro que se llama ínsula, situada en la profundidad del cerebro, en una región oculta. Es como un pequeño botoncito que en la última década ha tomado protagonismo en los avances de las investigaciones avanzadas de neurociencia. Según su neuroanatomía, se pueden percibir las emociones y los sentimientos de diversas maneras.

Quizá no te hayas planteado nunca que tengas un don: «el don de la consciencia de sentir», y que no te hayan enseñado a manejar un nuevo paradigma para vivir tus emociones, lo cual te asuste y te lleve a querer controlar o evitar todo lo que consideres que «no es normal», porque tu percepción sensorial es verdaderamente potente.

Quizá detrás de la capacidad de percibir infinitas posibilidades de peligro, se halla también la capacidad de darle un enorme valor a lo que te rodea, porque la capacidad de sentir miedo es directamente proporcional a la capacidad de valoración y gratitud que puedes experimentar.

Quizá nadie te ha explicado que todas esas amenazas que sientes, esa ansiedad anticipatoria, como se la denomina comúnmente, no es más que tu capacidad consciente de darle valor a lo que tienes y no quieres perder.

Todo el mundo habla de la ansiedad, pero nadie habla de los dones que se esconden tras ella.

Te propongo, a modo de ejercicio, que cada vez que sientas un miedo porque tomes consciencia de una posibilidad de peligro futura, o porque temas perder algo, lo transformes en un agradecimiento.

Si tienes miedo de que te sobrevenga una enfermedad, repite: «Aquí y ahora: gracias por mi salud».

Si tienes miedo de que te roben, repite: «Aquí y ahora: gracias porque estoy segura y a salvo».

Lleva tu foco de atención al momento presente, asume el riesgo y elige confiar, pero no te hablo de confiar en que no te va a pasar eso que temes, te hablo de una confianza que te eleva a un plano superior, porque, te guste o no, la vida tiene un componente místico. Es una realidad que existe un milagro de lo desconocido, y que los planes que el universo tenga para ti no siempre coinciden con los tuyos propios.

Un poco más adelante te explicaré todo esto más profundamente, además aprenderás cómo conducir tu mente, para que el Ferrari no te domine. Por el momento, lo único que quiero que tengas en cuenta es que lo que tienes en este momento es el resultado de lo que has aprendido y hecho hasta ahora, y que tienes una nueva oportunidad de reeducarte, de cambiar tu interpretación y, consecuentemente, de percibir tu realidad de una manera completamente distinta.

La vida es un espejo en 3D de lo que eres por dentro, todos quieren cambiar el mundo, pero nadie quiere cambiarse a sí mismo, y la única manera de cambiar tu realidad es convertirte tú en ese cambio que necesitas para que el espejo refleje la vida que quieres.

Todo lo que tenemos es el momento presente, lo que ocurrió en el pasado, ocurrió en ese presente, y lo que vendrá en el futuro, ocurrirá también en ese presente. La única manera de hacerte cargo de tu futuro es ocuparte siempre del momento presente. Muchos buenos presentes darán como resultado un buen futuro, por eso es completamente absurdo anticiparse, no podemos controlar las circunstancias pero sí podemos determinar la actitud con la que nos enfrentamos a ellas, la manera de interpretarlas, la importancia que le damos, y el enfoque que ponemos. De ahí vendrán nuestras acciones y materializaremos nuestras experiencias.

Otros de los dones que esconde la ansiedad es la cantidad de neuronas espejo que confabulan los cerebros Ferrari, esto nos hace especialmente sensibles, sensitivos y empáticos, aunque también susceptibles e hipocondriacos. Además, cualquier información que recibamos la sentiremos como si nos estuviera pasando a nosotros, imagina que ¡podemos sentir hasta cien veces más!

Es por eso por lo que ir al cine con nosotros puede convertirse en una auténtica aventura, de risa escandalosa en las comedias, de llanto a moco tendido en los dramas y de chillidos en las de terror.

¡Así que es mejor advertirlo! No vaya a ser que a más de uno o una le coja por sorpresa y no quiera luego repetir la experiencia ☺.

Nuestra capacidad empática y nuestra sensibilidad nos hacen generosos y ayudadores. No solo podemos intuir, es que podemos sentir cómo lo hace quien tenemos delante, podemos comprender, abrazar las emociones de otras personas e incluso de animales, y todo esto enfocado positivamente puede llevar a hacer mucho bien a la humanidad.

Como la velocidad de nuestros impulsos eléctricos es bestial, nos sobreestimulamos con tremenda facilidad, nos estresamos y agobiamos rápidamente porque nuestros ritmos de neurotransmisión cerebral son muy rápidos, lo cual incide directamente sobre nuestro sistema nervioso central.

Estar sometidos a tanto estrés de manera permanente esconde también el desarrollo de algunas capacidades extraordinarias, como la capacidad de concentración y reacción. Aunque a priori nos cueste más prestar atención, una vez entramos de lleno en una actividad no hay quien nos pare, arrasamos con todo y destacamos en ímpetu y determinación.

Contamos también con un desarrollado sistema neurosensorial, de modo que la intensidad y profundidad con la que sentimos puede llevarnos a sentir lo negativo como un verdadero drama, pero por el contrario vivenciamos lo positivo experimentando un enorme sentimiento de felicidad.

Las emociones no son selectivas, del mismo modo que no podemos decidir ver el rojo, el amarillo y el azul y no ver el blanco, el negro o el gris, si ves, ves, y si sientes, sientes. La alegría, la tristeza, el miedo, el deseo o la culpa. Otra cosa es que te conozcas, sepas que te gusta el rosa y decidas poner en tu vida todo lo que puedas de ese color; del mismo modo, puedes elegir interpretar tus circunstancias con optimismo, enfocarte en los aspectos más positivos, pero nada puede librarte de una imagen ni de una experiencia sensorial global.

Sí puedes aprovechar este conocimiento para tratar de calibrar y saber que, ni cuando estás abajo estás realmente tan abajo, ni cuando estás arriba estás realmente tan arriba, sino que es nuestra forma de percibir, y, poco a poco, intentar ir en busca de esa ecuanimidad, tratando primeramente de aceptarnos y amarnos como somos, con nuestras particularidades e intensas emociones. Resistirse a ellas, negarlas, incluso creerlas, nos lleva a enredarnos en las mismas, y entonces aparecen los problemas, las neurosis y el sufrimiento añadido.

Nuestro sistema de recompensa también es algo peculiar, esto se debe a que el núcleo accumbens genera menos dopamina que otros cerebros, por lo que tenemos especial dificultad a la hora de sentirnos satisfechos, consecuentemente somos un poco caprichosillos, y nos cuesta mucho establecernos límites en cualquier actividad física o mental. Esto nos lleva a tener tendencia a la obsesión. Suena feo, lo sé, sin embargo, también detrás de esto se esconden grandes dones.

Cuando Edison (el inventor) era pequeño, recibió una nota en su colegio. Los profesores le dijeron que se la entregara a su madre sin leerla y él, como buen niño, obedeció.

Cuando la mamá de Edison leyó la nota se puso a llorar y en voz alta le dijo a su hijo: «¡Cariño, eres un genio!, en la nota pone que a partir de ahora me dedique yo a tu educación porque la escuela se te queda pequeña».

Al cabo de los años, la madre de Edison falleció y entre sus pertenencias apareció la nota, Edison no pudo resistir la tentación de abrirla. En la nota ponía: «Su hijo está mentalmente enfermo, no podemos permitir que siga viniendo a la escuela».

Edison quedó fuertemente impactado, y fue consciente de cómo su madre había cambiado su vida para siempre dándole confianza.

¿Te imaginas que un día Edison se despertó con la idea de crear una bombilla y lo hizo a la primera? El mundo avanza gracias a personas que tienen nuestras peculiaridades, porque gracias a ello deseamos, perseveramos, no nos conformamos, persistimos, una obsesión bien enfocada puede llevarte a la excelencia, se traduce en fuerza de voluntad, en tenacidad y pasión por conseguir propósitos. El mundo necesita muchas personas obsesionadas dispuestas a invertir su capacidad en lugares productivos.

Por eso yo confío en ti, y como la madre de Edison te digo ¡que eres una/un genio! Mira todos los dones que escondes detrás de lo que llaman enfermedad.

La misma capacidad obsesiva que un día me llevó a estar encerrada en casa, autoobservando mi cuerpo, enfocada en mis miedos y síntomas, es la que me lleva hoy a estar aquí escribiendo mi tercer libro y, además, tener en el salón un mueble lleno de copas y medallas.

No te creas que eres un enfermo, eso lo dicen las mentes mediocres que desearían tener los dones que tú tienes, y las grandes industrias farmacéuticas que quieren vender psicofármacos. No somos más que nadie, somos diferentes, con particularidades que se salen de lo «normal». Además, por desgracia, hay muchos intereses para los que no interesamos, porque personas como nosotras somos las que hemos venido a cambiar el mundo.

Además, y por desgracia, hay muchos intereses detrás de los grandes poderes, para los que, individuos como nosotros resultamos una amenaza, porque somos personas que vienen a cambiar el mundo.

¿Eres consciente de lo que trato de mostrarte? Una nueva dimensión se abre dentro de ti en el momento que descubres tus dones, no es fácil conducir un Ferrari, pero una vez que lo consigas, ¡ya no habrá quien te pare!

De *Vivir sin ansiedad* a *Escuela de valientes*

El miedo puede llegar a convertirse en patológico, una inadecuada gestión del mismo puede acabar derivando en problemas de ansiedad, trastorno de pánico, hipocondrías y demás tipos de fobias.

He pasado por la experiencia, y con el tiempo me he dado cuenta de que detrás de un episodio de estos se encuentra una enorme oportunidad de superación personal y aprendizaje positivo. No solo a nivel mental y físico, sino también a un nivel más profundo. Existe un gran componente trascendental o espiritual asociado al miedo a lo desconocido, a la desconfianza ante el proceso de la vida e incluso al pavor derivado de la consciencia de la muerte.

No quiero que te asusten mis palabras, no vamos a tratar el tema desde un punto de vista esotérico, ni ligado a ningún tipo de dogma ni religión; en este libro solo hablaremos de la verdad, y la verdad es todo aquello que conocemos y la aceptación de todo aquello que no conocemos ni conoceremos, porque sin duda la vida es en gran parte un enorme misterio.

Mucho de lo que vais a leer en estos próximos capítulos tiene su base en mi primera obra, el manual de autoayuda que escribí hace ya años, cuando aún no sabía que de ese aprendizaje iba a salir mi propósito, ni tampoco que, con el tiempo, acabaría dando el salto de dejar mi seguridad laboral para aventurarme en el mundo del emprendimiento.

Tras la publicación de *Vivir sin ansiedad*, fueron muchas las personas que se pusieron en contacto conmigo para pedirme ayuda y para darme las gracias. De repente todo cobró para mí un enorme sentido. Toda esa formación y aprendizaje que un día había hecho con el único afán de superarme, iba a acabar asentando las bases de un método, un método que hoy siguen cientos de personas, y esa personita que contagiaba ilusión y ganas por compartir su experiencia con el mundo sigue años más tarde rebosando a raudales la misma energía, pero con mucha más experiencia y aprendizaje acumulados.

En estas páginas vais a leer fragmentos llenos de la frescura y la inocencia del principio, corroborada y avalada ahora por años de experiencia, que me han convertido en una persona mucho más segura, madura y auténtica. Con el mismo «toquetazo», como yo lo llamo, pero con un dominio del manejo de mis miedos que cualquiera que me conozca hoy pondría en tela de juicio, que un día estuviera tan limitada.

He pasado de no poder salir de mi casa sola ni a comprar el pan, a llevar una vida libre, donde viajar sola forma parte de mi zona de confort. Imparto cursos, conferencias, talleres, cambio mi vida y me reinvento, partiendo de cero en varias ocasiones. ¿Podéis imaginar el valor que yo le puedo dar a todo esto?, ¿podéis imaginar mi cara de felicidad cuando miro hacia atrás y me doy cuenta de todo lo que he conseguido?

¿Puedes entender ahora mi ilusión por compartir esto contigo? ¿Puedes entender que puedes pasar de vivir en una cárcel a sentirte como un ave que vuela sin límites? Porque los límites solo los pondrás en función de tus anhelos, allá donde estén tus sueños, porque las herramientas y los recursos los tienes dentro, y yo voy a contarte todo lo que sé para que puedas usarlos en tu beneficio.

Si estás pasando por un proceso de ansiedad patológico, me encantaría que te sintieras acompañado, comprendido, entendido y, sobre todo, motivado.

Los trastornos de ansiedad tienen un componente genético, un detonante (que en mi caso fue el consumo de drogas, pero podría haber sido cualquier otro insignificante), y un enorme componente derivado de la interpretación que hacemos de todo esto. Ahora canalizo mis ansiedades como una energía que me lleva a acercarme a mí, a quererme y cuidarme, con valentía y coraje para seguir construyendo experiencias en un modelo de vida libre y auténtica.

Hago deporte, me encanta la vida saludable, la neurociencia y llevo por bandera la libertad y la autenticidad como persona, como mujer y como un ser holístico cuerpo-mente-alma.

A partir de aquí, y durante algunos capítulos, he tomado como base la estructura del antiguo *Vivir sin ansiedad* pero, literalmente, lo he destrozado. Encontrarás algunos fragmentos que mantengo porque me consta la eficacia y frescura de sus letras y siento que, pase el tiempo que pase, hay una parte de mí que quiere mantener impoluta la esencia del proyecto. También es cierto que con los años y la experiencia he podido añadir más contenido, más aprendizaje, y la metodología que un día me ayudó a salir de un trastorno tan limitante como es el pánico y la agorafobia ha seguido siendo la base de mi filosofía de vida. Esta filosofía me ha llevado, paso a paso y día a día, a seguir por la senda de la libertad, consiguiendo romper moldes, esquemas mentales, estereotipos, acercándome más a una versión de mí comprometida en llevar una vida libre y auténtica Vivir sin ansiedad: VSA son las iniciales de los tres valores fundamentales que han sentado la base de mi transformación: valentía, salud y amor. Ellos se han convertido en el qué, el sentido de la creación de *Escuela de valientes*, y en el objetivo principal de este aprendizaje que se esconde detrás de lo que denominan la enfermedad del sigo XXI: la ansiedad.

Si te ves limitado por el miedo en algún punto, y muy especialmente si estás pasando por un episodio de miedos patológicos, me voy a sentir muy contenta de acompañarte en esta transformación.

Vamos a adentrarnos, y te doy la bienvenida a lo que un día fue mi mundo, mi dolor, mi reto, mi oportunidad y mi aprendizaje. ¡Dame tu mano, que no estás solo! ¡Vamos a aprender de esto, que lo mejor de tu vida está por llegar!

Las etiquetas

Partamos de la base de que no creo en las etiquetas. Voy a ofrecerte un nuevo entendimiento sobre lo que, a mi parecer, son trastornos asociados al don de sentir, a tener una mente Ferrari que nadie enseñó a conducir.

No es lo mismo tener ansiedad que tener un problema con la ansiedad.

La energía de personas como tú, el nivel de consciencia, inteligencia y sensibilidad que tienes puede convertirse en la mayor de tus fortalezas y en la mayor de tus debilidades al mismo tiempo.

Tanta intensidad por todos lados provoca una hiperaceleración del sistema nervioso y por eso somos personas que nos activamos con facilidad.

Tener una predisposición ansiosa tiene un componente genético y kármico, puesto que, a otro nivel, es toda una oportunidad de trascender de lo mental a un nivel más trascendental. En la evolución de la consciencia partimos de la base de que el miedo forma parte de la vida, pero que elegir el camino del amor incondicional, de la aceptación, de la fe en ese no sé qué, de la entrega y confianza en el proceso de la vida es, sin duda, la única manera en que conseguiremos conectar con la paz interior y vivir una vida consciente y plena a niveles que, quizás, otras muchas personas no pueden llegar siquiera a percibir.

Perderse en la mente, en el control y en la neurosis es la estrategia mental que nos lleva a la «enfermedad». Por eso, no creo en un diagnóstico, porque es la misma pauta mental, el mismo aprendizaje el que se repite una y otra vez según el foco asociado al miedo que te limite.

Yo he pasado por cada uno de estos trastornos, y he aprendido mucho de cada uno de ellos, porque me han ayudado a ejercitar en cada momento el camino de la fe y la confianza.

Nadie me ha regalado la paz que siento hoy en la mayoría de los momentos de mi vida, y, aun así, puedo observar mi predisposición a activarme, con el miedo, de manera intensa, en muchas ocasiones. Sin embargo, cuando te conoces y tienes entrenado el manejo de lo que te ocurre, cada vez vas trascendiendo, aprendiendo y soltando el control y la necesidad de seguridad, con más facilidad y consciencia.

He querido hacer un resumen de las etiquetas más comunes, de aquello que llaman diagnósticos, para ofrecerte información, pautas, herramientas a modo de semillas para un nuevo entendimiento que espero y deseo sea solo el comienzo del camino hacia tu autoconocimiento y tu superación personal.

El trastorno de pánico

Todos sabemos lo que es el pánico, es la sensación de miedo llevada al extremo. El pánico es un sistema de defensa de nuestro cuerpo, es algo maravilloso que nos puede salvar la vida cuando estamos ante un peligro inminente; es un sistema de alarma que se activa cuando estamos ante una situación límite. El pánico genera en nuestro cuerpo respuestas para poder salvarnos de esa situación que nos pone en peligro.

Todo esto tiene sentido si tenemos a un león hambriento delante de nosotros, o si un toro se ha escapado de la plaza y veo que viene hacia mí. Pero nada de esto tiene ningún sentido cuando estoy en un centro comercial pagando unos pantalones y, de repente, me tengo que ir corriendo porque mi sistema de alarma se ha activado.

Ahora voy a detallar los síntomas que pueden aparecer cuando sufrimos un ataque de ansiedad o de pánico. Se considera que si se tienen cuatro o más, se padece de síndrome de pánico, y he de decirte que yo los he tenido, por épocas, todos. No me he librado de ninguno, y aquí me tienes, escribiendo un manual sobre cómo superarlos.

Los síntomas pueden ser los siguientes:

- Taquicardia, dolor en el pecho, pinchazos.
- Mareos, vértigos, sudor.

- Dificultades para respirar.
- Adormecimiento de extremidades.
- Rubores, escalofríos.
- Miedo a morirse, perder el control o a volverse loco (o todos a la vez).
- Sensación de irrealidad. Una sensación de extrañeza, como si estuvieras dentro de una película.
- Despersonalización. Es como si estuvieras por encima de tu cuerpo o si fueras otra persona la que está viviendo esa situación; es como si por un lado estuviera el mundo y por otro tú, puedes percibirla como algo desagradable.

La buena noticia es que, aunque todo apunte a lo contrario, tú no estás loco y, ni mucho menos, te vas a morir. Hasta el día de hoy no hay constancia de ninguna persona que haya muerto de ansiedad o de un ataque de pánico y, al decirte esto, quiero ahorrarte la pérdida de tiempo de buscar casos en Internet, porque, mira por dónde, ya lo he hecho yo por ti, de manera compulsiva, a diario y durante meses.

Y entonces me dirás: «Muy bien, ya sé que no me voy a morir, ni que me voy a volver loco, pero yo no quiero que me ocurran más estos desagradables ataques de pánico, porque ya sé que no me voy a morir pero siento como si fuera a hacerlo». Entonces te diré que, el primer paso para poder superarlo es aceptar y comprender lo que te pasa, perder el miedo a lo que te está ocurriendo, y mi primera intención es ayudarte a ello.

El trastorno de pánico es un proceso donde ocurren reiteradamente episodios de temor intenso acompañados de síntomas físicos múltiples; el problema, o reto, como a mí me gusta llamarlo, reside en que no existe ninguna amenaza real y presente que nos esté atacando.

Estos **ataques de ansiedad o pánico** son inesperados, sorpresivos y pueden ocurrir varias veces al día. El temor es tan intenso que, mientras los sufres, piensas que estás a punto de perder el control, volverte loco o morirte en ese mismo instante, y se pasa tan terriblemente mal que te quedas traumatizado y con un miedo atroz a que te vuelva a pasar, con lo que ya estamos predispuestos a que esto ocurra. En el momento en que volvamos a sentir o recordar (consciente o inconscientemente) algo que se asemeje a lo que hemos vivido en la crisis de pánico, otra vez entraremos en **pánico** y repetiremos esta desagradable experiencia una vez más.

En una crisis de pánico interrelacionan continuamente cuatro factores: los pensamientos, las emociones, los síntomas físicos y la acción derivada.

En cuanto a **los pensamientos,** aparecerán millones de ellos negativos, incontrolables y compulsivos que te dirán algo así como: «Tengo la certeza absoluta de que algo terrible va a ocurrir inminentemente, ¿qué me está pasando?, me estoy volviendo loco, me estoy muriendo, esta vez sí que no salgo de esta, esta vez es la definitiva».

Las emociones se refieren a todos esos miedos y sensaciones, ese presentimiento de que algo horrible va a ocurrir inminentemente.

En cuanto a los **síntomas**, aparecen de manera abrupta. Son esos «divertidos» malestares que he enumerado antes.

Por lo que respecta a las **acciones** derivadas, tiene lugar un comportamiento motor en nuestro afán de protegernos, ya que, una vez dentro de la crisis, tendemos a hacer lo que dentro del caos nos produce más seguridad.

Estas conductas son, en nuestra intención de protegernos y buscar seguridad, una falsa seguridad, porque la realidad es que estamos en manos de Dios, de la vida o del destino, como quieras llamarlo, y la posibilidad de que te ocurra algo no va a depender de tu capacidad de control, sino de los planes que haya para ti y de tu aprendizaje vital.

Sin embargo, en un plano mental, el cerebro trata de resolver estas cuestiones a través de las siguientes conductas:

Controladoras. De aquí los comportamientos obsesivos o neuróticos (buscar en Internet, ir a urgencias hospitalarias).

Evitativas. Evitando determinadas situaciones o lugares que no nos hagan sentir seguros o las consideremos arriesgadas porque puedan producir nuevos ataques, lo que conlleva a que poco a poco vayas evitando más situaciones, más lugares, más personas, y así es que se produce la agorafobia.

En mi caso, mi zona de confort se fue reduciendo cada vez más. El miedo al miedo, el terror a sufrir una nueva crisis, me llevó a dejar de conducir, seguí evitando los lugares con mucha gente, y así sucesivamente hasta quedar literalmente encerrada en mi casa, que era lo que yo consideraba un «lugar seguro». Aun así, no me libraba de los ataques ni allí, pero al menos no sentía la presión añadida de que, si me daba, haría el ridículo en la calle.

¿Cómo se vive una crisis de pánico?

Primero tienes una sensación, que puede provenir de cualquiera de los sentidos: un sonido, un síntoma, una emoción… (a esto se le llama estímulo). A continuación empiezas a sentir ese terror, un presentimiento desagradable de que algo malo te va a suceder inminentemente: te vas a morir, te vas a volver loco… Sientes que esta vez es la definitiva, que no hay salida (a esto se le llama respuesta emocional), y esto produce una serie de síntomas reales y físicos a modo de somatización del pánico y la ansiedad (respuesta física).

Una vez dentro del ataque buscamos un escape o salida hasta encontrar un lugar de confort, irnos a casa, a urgencias a que nos digan que estamos sanos o, en su caso, tomamos un tranquilizante (acción).

A continuación podrás leer algunas de mis experiencias de crisis de pánico. Están extraídas de un cuaderno en el que solía escribir todo cuanto formaba parte de mi proceso de superación.

Ahora, después de tantos años, me parece verdaderamente sorprendente que haya conseguido evolucionar y aprender tanto de todo aquello. Hoy puedo compartir contigo que la persona que ahora escribe estas líneas es otra completamente distinta a aquella que escribió esos relatos que vas a leer a continuación.

Es muy fuerte sentir cómo, en ese momento, me sentía completamente perdida, sin saber de qué modo salir de aquello. Una única idea había en mi cabeza: querer que se me quitara y no saber cómo hacerlo; un total sentimiento de desesperación.

Ahora lo veo todo tan ajeno, tan lejano, que casi me cuesta creer que sea la misma persona. Solo puedo compartir una vez más contigo esta parte de mi dolor, junto a estas palabras de aliento, porque yo sí puedo apreciar el aprendizaje que te queda por delante, y todo lo bello que vas a sentir cuando hayas superado todo esto y te encuentres en otra etapa de tu vida. Una etapa donde todo lo que estás viviendo formará parte de tu pasado, de un recuerdo y una experiencia pretérita a la que darás gracias.

....

Relatos reales de dos episodios de ataque de pánico

«*Estaba en mi casa sentada viendo la tele, y repentinamente empecé a sentir una sensación muy rara, era como si mi corazón se fuera a salir de mi cuerpo; mis manos empezaron a sudar y yo me puse muy nerviosa, empecé a pensar que me estaba dando un infarto, y me vino a la mente lo lejos que quedaba mi casa del hospital. Cada vez estaba más nerviosa, sentía dolor en el brazo y no podía respirar, creía que me moría en ese mismo instante..., nunca jamás en mi vida había vivido algo igual. Me vestí como pude y llamé a un taxi para que me llevara a urgencias. El tiempo se me hacía eterno, cada segundo de angustia era una hora de sufrimiento y yo me veía ahí, muerta en ese taxi, sin despedirme de mi familia. Entré por urgencias gritando que me estaba muriendo, me cogieron y me sentaron en una silla de ruedas mientras yo gritaba ¡socorro!; en ese momento me tomaron la tensión, que estaba ligeramente alta y tenía muchas pulsaciones. Me dijeron que me iban a hacer un electro y que me esperara un poco, esos minutos se me hicieron eternos, solo hacía que chillar y decir que por favor me miraran, que me moría. Vinieron hacia mí y me hicieron un electrocardiograma y una placa y, para mi sorpresa, los resultados fueron normales. Me metieron una pastilla debajo de la lengua y me mandaron para casa.*»

«*Estábamos cenando con unos amigos cuando, de repente, empecé a sentir una sensación extraña, súbitamente lo veía todo distinto, las caras de mis amigos parecían diferentes y empecé a no enterarme de lo que hablaban, parecía que estaban hablando en otro idioma, no conseguía mantener el hilo de la conversación..., entonces mi corazón empezó a latir muy fuerte, me asusté mucho y pensé que en cualquier momento me iba a poner a gritar ahí en medio e iba a hacer el ridículo. Intentaba concentrarme y hacer como que no pasaba nada, pero no podía, no conseguía centrarme más que en mi sensación extraña; sentí como si el mundo fuera una cosa y yo otra distinta, como si yo no fuera yo y pensé que me estaba volviendo loca. Como pude, dije que me encontraba mal y que ahora volvía, y salí corriendo. Una vez fuera empecé a llorar compulsivamente y todo mi cuerpo empezó a temblar. Salió mi pareja y me dio la mano hasta que se me pasó, pero dentro de mí quedó ese miedo a que me volviera a ocurrir en cualquier momento. Empecé a evitar quedar con personas para cenar, porque tenía miedo a que me volviera a pasar. De hecho, cada vez que comía fuera de casa o había una luz tenue como la que había en ese restaurante, me volvía a poner muy nerviosa y desencadenaba en un nuevo ataque de pánico o ansiedad. Poco a poco fui evitando situaciones hasta verme literalmente encerrada en mi casa.»*

Cuando una sufre un episodio de estos, realmente no puede comprender cómo estando en teoría completamente sana, se puedan llegar a vivir estos síntomas tan desagradables, reales y físicos; cuesta mucho creer que sea nuestra mente la que nos está jugando una tan mala pasada. Llegar a este estado y no controlarlo, es de las cosas más dolorosas y molestas que puede llegar a sufrir una persona en su vida, y solamente el que ha pasado por ello, ni siquiera los más allegados, pueden llegar a entender la magnitud de lo que uno está pasando en esos momentos. Verdaderamente hay que vivirlo para creerlo.

Sentirse así un día tras otro, vivir en la inseguridad y con el miedo a que vuelva a ocurrirte es la principal causa de que te vuelva a pasar. Se produce un **miedo al miedo**, y es fácil entrar en una «pescadilla que se muerde la cola» y acabar en una depresión, que no es más que la frustración e impotencia de no saber la causa de lo que te está ocurriendo y no saber ni poder controlarlo.

Recuerdo que me hice un chequeo completo, hice un recorrido turístico por cada planta del hospital, por cada una de las especialidades, pensé que tenía desde un cáncer cerebral, a un problema de corazón, que me estaba volviendo loca. Fui al cardiólogo, al neurólogo, hasta finalmente acabar en el psiquiatra, que me recetó un tratamiento.

Tomar medicación

Durante todos estos años me he encontrado con personas que se sienten incapaces de dejar la medicación. En muchos casos, tras años y años de tomarla ya no les hace efecto, pero tienen una «adicción» psicológica a ella porque el temor a dejarla se convierte en el estímulo de su propia ansiedad. Si no te han dado herramientas para sentir y gestionar tus miedos, si tu problema es el miedo, no podrás avanzar y superar un trastorno de ansiedad, ni con medicación ni sin ella.

También me encuentro con el lado opuesto, personas que ponen muchísima resistencia a tomar medicación, en muchos casos por miedo a los psicofármacos, a los efectos secundarios, a las creencias asociadas a ellos. En otros casos, por un sentimiento de fracaso, porque parece que nos rendimos, que no somos capaces.

Sois muchos los que me preguntáis acerca de mi opinión sobre tomar medicación, y aprovecho la ocasión para hablar abiertamente de este tema.

Partimos de la base de que la medicación no cura. Lo que se consigue con ella es modificar la bioquímica cerebral a través de sustancias químicas. Normalmente, lo que se usa para este tipo de trastornos hoy día son inhibidores de la recaptación de la serotonina. Ya pasaron de moda, son los antidepresivos tricíclicos que se prescribían antaño y que se usaban en sinergia con ansiolíticos. Si bien es cierto que se siguen prescribiendo ansiolíticos en combinación con estos antidepresivos, pero en muchos casos, estos dejan de ser necesarios.

Puedo decir, después de muchos años de experiencia, que me he encontrado a muchísimas personas —y cuando digo muchísimas son muchísimas—, que llegan a mí con los mismos síntomas que cuando empezaron un tratamiento que llevan años tomando.

De corazón siento que habría mucho que discutir sobre la eficacia de estos tratamientos a largo plazo. Sin embargo, estoy completamente a favor de su uso, como muleta, ante una fase aguda, para modificar la bioquímica cerebral y el sistema nervioso y conseguir un estado en el que sea posible manejarse.

Parece que vivimos en una era emocional, nazi, donde si no sentimos o pensamos de una determinada manera, resulta que somos unos enfermos.

Interesa mucho más modificar cerebros a base de pastillas, y que se enriquezca la industria farmacéutica, en una sociedad donde los psicofármacos están a la cabeza de los medicamentos más consumidos, que enseñar a las personas a conocer sus particularidades, entender que estamos en una era de evolución de consciencia, y que es posible aprender a manejar nuestras emociones y todo el potencial que esconde el aprendizaje de la gestión de nuestros pensamientos.

Esta es la verdadera enfermedad de nuestro siglo, o visto de otro modo, una enorme oportunidad para transmutar nuestra consciencia a un nuevo entendimiento.

Me parece fascinante la capacidad del ser humano para crear remedios y medicamentos que nos ayuden a superar, curar enfermedades y sufrir menos. Solo tenemos que echar un vistazo atrás para darnos cuenta de lo que ha aumentado la esperanza de vida estas últimas décadas.

Sin embargo, me entristece ver a personas que son literalmente esclavas de medicamentos de los que no obtienen beneficios pero que, sin embargo, padecen sus efectos secundarios.

Hay episodios en la vida dramáticos, dolorosos, cuyo apoyo con antidepresivos y ansiolíticos es una estupenda opción para ayudarse. Estas personas que ya viven sometidas a años de tratamiento sin obtener resultados, si tienen que enfrentarse por desgracia a algo así, entonces ¿de qué van a ayudarse? Y lo que me genera más impotencia es: ¿cómo aún pueden existir (gracias a Dios cada vez menos) médicos que no son conscientes de esto y apoyan este tipo de tratamientos ineficaces y tan largos?

Luego está el extremo opuesto: personas que tienen la creencia de que ir al psiquiatra, tomar psicofármacos o pedir ayuda emocional es sinónimo de estar loco; que viven sus procesos a escondidas, y en silencio, que se enredan en sus propios juicios y en el qué dirán.

La primera vez que llegué a la consulta de un psiquiatra, la doctora Julia Cano a la que siempre recuerdo con enorme cariño, lo hice con muchísimo miedo. En mi familia hay varios casos de «enfermedades mentales» graves; durante muchos años uno de mis mayores miedos fue acabar como ellos. Ahora me doy cuenta de cómo quizás hubieran sido sus vidas si hubieran contado con los recursos, herramientas, información, actitud y disposición que la vida me ha dado. Muy probablemente todo hubiera sido muy distinto. La vida me ha dado una enorme oportunidad, para trascender, para liberar karma, para evolucionar y hacer un cambio en mi paradigma familiar. Y lo siento como un enorme agradecimiento, porque lo mejor que puedo hacer por ellos, por mí misma y por el mundo es aprovechar lo que se me ha brindado para el mayor bien de todos.

Estoy segura de que soy una enferma mental en potencia, tengo los genes, los aprendizajes, y todo lo necesario para hacer de mi «locura» una llave de entrada al infierno o al paraíso.

Siempre me consoló la creencia de que «El que de verdad está loco nunca se sienta en esta silla por su propio pie; el que está loco de verdad nunca cree que lo está, sino más bien todo lo contrario, se cree que todos lo están menos él».

Así que si temes estar loco, significa que no lo estás. Quizás estés muy neurótico y sufras un gran desequilibrio emocional. Pero vuelvo a repetirte que las llaves del cambio las tienes dentro, y que todos esos síntomas terribles que percibes en una crisis de pánico no son más que un enorme susto ante una consciencia de posibilidad de peligro, la cual sientes desde tu percepción amplificada de consciencia en una sobredimensión que se te escapa de tu posibilidad de control, con lo que te asustas más todavía. Un don mal gestionado.

No sé si has visto la película *Frozen*, de Walt Disney. Si no lo has hecho te recomiendo que la veas. La princesa Elsa tiene un don, pero como tiene miedo de él, no lo controla, sino que este la controla a ella. Ella lo siente como una maldición, porque desde su descontrol causa daño a todo, incluso casi mata a su hermana pequeña, con lo que se aísla, se encierra, evita (desarrolla una agorafobia). Cada vez que quiere controlar su don, más se descontrola. Sin embargo, un día descubre que si se relaja, suelta, confía y pone amor puede hacer cosas maravillosas. De hecho, las canciones principales se llaman *Suéltalo* y *Libre soy*.

Cuánto mensaje escondido dentro de esta película, te recomiendo de veras que aunque la hayas visto, vuelvas a verla desde este entendimiento. Descarga la canción, y cántala, aprende la lección de soltar, y tu vida cambiará para siempre.

El ritmo de vida del siglo xxi, la falta de fe en Dios, llevar todo a la mente, el apego a lo material y físico, la intolerancia al sufrimiento de la sociedad de bienestar, toda la información con la que contamos, la manipulación desde el miedo, los estereotipos y la evolución de la consciencia son todos factores determinantes para que los cuadros ansioso-depresivos se hayan convertido en una de las principales causas de consulta médica de nuestra sociedad actual.

¿Qué hacer cuando experimentas una crisis?

Recuerdo que durante una época me daban muchos ataques de pánico. Solían ocurrirme en situaciones sociales, e incluso a veces me daban en mitad de la noche. Estaba tranquilamente durmiendo cuando me despertaba mi propia taquicardia. No podía comprender cómo podía aparecer de la nada algo tan abrupto, pero ya hemos visto antes que los ataques de pánico vienen mayoritariamente de manera sorpresiva, por una malinterpretación inconsciente de un estímulo.

Ahora entiendo que nuestro propio miedo a sufrirlo te pone en un estado de alerta, y tu consciencia está predispuesta a interpretar cualquier estímulo como detonante para su causa. Incluso la sensación de tranquilidad genera un no control que se convierte en motivo para una nueva crisis.

Por la propia autoobservación del propio cuerpo creemos tener más síntomas que nadie, cuando lo que ocurre es que tenemos un alto nivel de consciencia, por eso nos damos más cuenta de todo lo que ocurre dentro y fuera de nosotros; y cuanto menos queremos sentir, más conscientes somos de lo que sentimos. Te lo explico mejor con un ejemplo:

Si te digo que no pienses en un elefante rosa, ¿en qué has pensado? Es el conocido ejemplo que llevo utilizando desde hace diez años. La mente funciona por focalización, cuanto más te centres en eso que no quieres, que temes, más consciencia le pones y consecuentemente más presente lo vas a tener en tu vida.

Sé que al principio cuesta muchísimo creer que no se tiene un problema realmente físico. Realmente a mí me costaba muchísimo creer que todo lo que me ocurría formaba parte de un cuadro nervioso que no implicaba peligro a mi vida.

Ahora sé que el cuadro nervioso es provocado por un despertar de consciencia que hace percibir el mundo, las sensaciones, las emociones y los síntomas de una manera sobredimensionada. Esto asusta, y al no saber manejarlo queremos controlarlo, nos resistimos, y acabamos enredándonos más y más queriendo darle una respuesta, un entendimiento mental a algo que viene de un lugar mucho más profundo y elevado.

Recuerdo que en su momento pedí cita con un cardiólogo y me pusieron un aparato para registrar mi corazón durante las veinticuatro horas del día (*Hottler*) porque a menudo me despertaba a media noche con una crisis de ansiedad.

Al poco tiempo me dieron los resultados y, como era de esperar, todo estaba normal. Esa noche en concreto no me dio ningún ataque (suele pasar, dichosa Ley de Murphy), pero sí que se registraron muchas extrasístoles nocturnas que, según el médico, no tenían importancia.

El diagnóstico fue de taquicardia por estrés y lo acompañaba otro volante derivándome, una vez más, al psiquiatra.

Al tiempo, me di cuenta de que, por supuesto, la taquicardia nocturna era parte de mis nervios, pero que la taquicardia en sí no formaba parte de mi ataque de pánico, sino que era la detonante que me lo provocaba. Es decir, a mí me daba una taquicardia y yo, en vez de relajarme, me asustaba porque interpretaba mientras dormía de manera inconsciente que era un posible infarto, con lo que en una milésima de segundo pasaba de la taquicardia al pánico.

A día de hoy, si tengo un día de mucho estrés y a media noche me despierta una taquicardia (esto a veces me sigue ocurriendo), yo misma uso mis técnicas para relajarme, y en menos de cinco minutos ya estoy otra vez durmiendo. Me ocurre algo parecido a lo que experimentamos cuando tenemos una pesadilla: me despierto asustada y me vuelvo a dormir.

Claro que conseguir esto me ha requerido bastante práctica en los recursos que voy a facilitarte. Por supuesto, y ante todo, si padeces ataques o taquicardias nocturnas, lo más recomendable es que un cardiólogo descarte cualquier problema de corazón y, una vez confirmado que lo que padeces es solo producto de tu sistema nervioso, entonces podemos evitar que esa taquicardia vaya a más y produzca un ataque de pánico.

Te voy a ofrecer dos maneras para gestionar las crisis de pánico. A mí me han funcionado las dos. Una es la que me enseñaron, y otra es la que creé yo para mí misma y la que suelo explicar en mis consultas.

Lo primero que tenemos que hacer es mandarnos mensajes de que lo que estamos teniendo es una crisis de ansiedad o pánico. Aunque nuestros síntomas nos hagan pensar lo contrario, tenemos que elegir creer conscientemente que es ansiedad y asumir el riesgo.

Yo llegué a la conclusión de que prefiero morir pensando que tengo ansiedad que vivir creyendo que me estoy muriendo.

Luego desviaremos nuestra atención de los síntomas a través del uso de pensamientos positivos, y esto lo haremos repitiéndonos constantemente este mantra:

«(Tu nombre) esto solo es ansiedad, estoy segura,
me siento segura.»
Y lo repetiremos muchas veces.

Si puedes, esto lo puedes complementar con la respiración ayudándote con la conocida bolsa de plástico; yo usaba una de esas blancas normales —si no es muy grande, mucho mejor—, y la cogía más o menos hacia la mitad rodeándola con mi mano.

A continuación, lo que tienes que hacer, mientras te repites el mantra, es respirar despacio dentro de la bolsa tomando el mismo aire que has soltado.

La respiración diafragmática la has de realizar inspirando el aire con la barriga en vez de con los pulmones y, para ello, hincha con cada inspiración la barriga como un globo, solo la barriga, y luego ve soltando el aire muy muy despacio.

Realmente esto, cuando estás inmersa en el estado de pánico, es algo verdaderamente angustiante. Coger el ritmo cuesta unos cinco minutos, que te van a resultar eternos; tendrás la sensación de que te vas a asfixiar, pero nada más lejos de la realidad. No te asfixias, sino todo lo contrario, esto evita que hiperventiles y que se produzca lo que se denomina una «borrachera de oxígeno». Se llama así porque se produce un desequilibrio entre el oxígeno y el dióxido de carbono, es decir, que tu sangre recibe mucho más oxígeno que dióxido de carbono, y esto es lo que provoca que experimentes esas sensaciones tan desagradables de mareo, de pérdida de control, de desmayo o de irrealidad.

Los buceadores conocen bien esta sensación —que se toman con humor y no la viven como ansiedad— cuando salen de bucear con sus bombonas de oxígeno, lo cual es un claro ejemplo de que el detonante de la ansiedad no es la sensación en sí, ni los síntomas, ni las circunstancias, sino la interpretación que hacemos de todo ello.

Lo que para los buceadores es algo divertido, puede convertirse en motivo para irse a urgencias en otros casos.

El proceso Inner Fear

Comparto contigo uno de mis mayores tesoros, un recurso rápido para gestionar las crisis de ansiedad que creé para mí misma en mi afán de encontrar una manera menos aparatosa y más eficaz que la que se proponía comúnmente.

Es cierto que aprender este sistema requiere práctica, pero si te animas a probar descubrirás que realmente funciona.

Lo normal es tener que realizarlo varias veces, pues una vez que baja la intensidad de la crisis, esta puede volver a aparecer de manera abrupta a los minutos. En este caso, se realiza el proceso tantas veces como sea necesario hasta que no vuelva a subir el pico de ansiedad (no suele pasar más de tres o cuatro veces).

Cuando ante un estímulo aparecen pensamientos, síntomas, sensaciones involuntarias que provocan pánico, actúa del siguiente modo:

Lo primero que tienes que hacer es darte un pellizco sostenido en la pierna o en el lado de la muñeca. La intención con esto es crearnos un poco de dolor, porque cuando sentimos dolor, instintivamente nuestro foco de atención se dirige ahí, y eso nos hará de palanca para salir de nuestro mundo mental.

Con la atención plena en el dolor has de repetir las siguientes palabras mágicas:

GRACIAS. Con esta palabra nos situamos en una posición de apertura, elegimos pasar del miedo a la valoración, nos desidentificamos del pensamiento manteniéndonos en una posición de observadores en vez de actores de nuestra película mental, y nos mantiene en una situación de oportunidad de aprendizaje positivo.

CABEZA. Esto conecta con nuestro autocontrol emocional, nos recuerda que debemos poner cabeza en la situación, nos ayuda a salir de la emoción y a actuar con cabeza, lo cual nos lleva a establecer un límite al miedo.

ASUMO. Adoptamos un componente de responsabilidad, nos empoderamos, y asumimos la verdad y el riesgo que conlleva.

SUELTO. Es la parte más importante. Se trata de poner la situación que nos da miedo en manos de Dios, del destino o de la vida soltando el control de lo que realmente no podemos controlar.

CONFÍO. Elegir el camino de la confianza en vez del de la seguridad, entendiendo que todo lo que me pasa es para mi bien y mi aprendizaje. Aprender es un ensayo permanente de prueba-error, pase lo que pase, si ponemos intención y consciencia aprenderemos.

AYUDA. Desde este lugar que te encuentras, puedes pedir a la sabiduría universal, a tu yo superior, a Dios, al espíritu santo, a la vida, a un familiar fallecido, protección y ayuda con aquello que temes y a lo que te estás enfrentando; esta energía, desde este lugar, te llenará de la fuerza que necesitas para afrontarlo.

Hay que mantenerse repitiendo las palabras mágicas con el foco en el dolor unos dos o tres minutos. Solo debes aguantar este tiempo y notarás cómo, por arte de magia, la ansiedad se disipa.

Una vez baja la ansiedad, es muy importante entretenerse con una actividad que exija poner tu atención en otro lugar y repetir el proceso las veces que sea necesario hasta que no vuelva a subir el pico de ansiedad (no suele ser más de dos o tres veces por crisis).

Una vez te des cuenta de que tienes manejo y capacidad de control sobre las crisis, podrás ir confiando en ti mismo y en tu capacidad de superación.

Una vez manejes esta técnica, perderás el miedo a que te aparezcan nuevas crisis, porque sabrás salir de ellas; consecuentemente dejarás de evitar situaciones por miedo a padecerlas. ¡Habrá comenzado el principio de tu nueva vida!

Es muy importante que, si ya has conseguido superar la crisis sin necesidad de tomarte ansiolíticos y utilizando esta herramienta, ancles y reafirmes tu aprendizaje. Cada vez que consigas superar una crisis, piensa y toma consciencia en ese momento de que, además del rato desagradable que has pasado, no te ha ocurrido

nada, lo has gestionado, lo has hecho bien. Repite tres veces GRA-
CIAS, GRACIAS Y GRACIAS. Celebra, esto hará que las crisis se
den cada vez con menos frecuencia y con mucha menos intensidad, hasta que por fin acabarás consiguiendo que no se desenca-
denen.

Habrás superado la primera fase de todo el aprendizaje que la
vida tiene para ti.

Si acostumbras a tomar un ansiolítico cuando tienes una crisis, no pasa nada, utiliza estas herramientas mientras esperas que
este te haga efecto y, de igual manera, enorgullécete y sé agradecido cuando hayas pasado la crisis. Intenta, poco a poco, a medida
que vayas tomando confianza y práctica en el proceso, ir tomando cada vez menos ansiolíticos, y verás cómo pronto empiezas a
tomar el mando de la situación y consigues prescindir de ellos.

Una parte que supone un reto antes de enfrentarte a una crisis es creer que de verdad lo que te ocurre es una crisis de ansiedad, y no un infarto o algo más grave. En mi caso, tuve mi tiempo
de asimilación y trabajo hasta autoconvencerme de ello, estar dispuesta asumir el riesgo y elegir confiar.

Comparto contigo este documento que escribí en mis co-
mienzos de las crisis. Apunté en mi cuaderno lo que debía creerme mientras estaba pasando por un ataque de ansiedad. En la
práctica, la realidad es que me venían a la cabeza pensamientos
contrarios, negativos y compulsivos que no hacían más que re-
troalimentar la ansiedad si me compraba la película.

Al cabo del tiempo, conseguí poco a poco dejar de necesitar
leer el documento y me enfoqué en otros recursos más rápidos,
fue todo un crecimiento *step by step*, paso a paso, dentro de una
evolución consciente hasta dejar de tener crisis.

Así que, al principio, cuando se iniciaba un ataque de ansiedad, cogía este documento y me lo leía a mí misma en contra de

mis impulsos, que intentaban llevarme a los pensamientos catastróficos y creencias contrarias. Poco a poco, empecé a creerme estas palabras hasta que, un día, se hicieron ciertas para mí, lo cual me llevó a encontrar soluciones en las otras herramientas más rápidas y eficaces.

Este documento que escribí a conciencia para mí misma quiero compartirlo ahora contigo, porque fue mi primera herramienta de gran utilidad. Deseo que la hagas tuya si lo consideras necesario en la primera fase de tu proceso de superación.

Yo te entrego todo lo que tengo, y tú ya irás probando y viendo lo que mejor te sirve.

···

Documento para leer en las primeras crisis o ataques de ansiedad o pánico

Lo que siento es ansiedad; aunque los síntomas me hagan creer todo lo contrario, y sospechar que esta vez todo acabará mal, no es así. Esto que me pasa es la puñetera ansiedad, que otra vez está haciendo de las suyas. Confío en el proceso de la vida, todo está bien, solo es ansiedad. Los síntomas que tengo son propios de la ansiedad, a millones de personas les pasa esto cada día, y a ninguna le sucede nada; a mí tampoco me va a pasar nada, estoy a salvo. He vivido lo mismo que está pasando ahora muchísimas veces y sé que aunque piense que esta vez no me libro y tenga la sensación de que voy a perder el control de mí mismo en cualquier momento, y de que me voy a volver loco, no me va a pasar nada.

Respiro despacio y profundo y cojo el aire con la barriga en vez de con los pulmones; cuando lleno la barriga de aire, antes de expulsarlo, aguanto la respiración dos segundos y repito «estoy seguro, me siento seguro», luego suelto el aire despacio. Aunque sienta que con mi taquicardia no puedo respirar así, lo hago. Todos los síntomas de rarezas que percibo son normales en mi estado, estoy completamente cuerdo y voy a seguir estándolo. Lloro si lo necesito para eliminar esa ansiedad que tengo dentro, sin pudor ni vergüenza; nadie piensa que estoy haciendo el ridículo porque todo el mundo comprende mi situación. A miles de personas les ocurre lo mismo que a mí. Estoy a salvo, y aunque siento que lo que estoy viviendo es horrible, esto se pasará. Lo estoy haciendo muy bien.

Lo estoy haciendo tan bien que pronto no volveré a pasar nunca más por esto, y todo quedará en una anécdota y en una experiencia para ayudar a los demás. No pasa nada, tranquilo, que es horrible, pero solo es ansiedad, solo ansiedad.

Confío en el proceso de la vida, soy salud y estoy a salvo. Intento respirar lentamente, inspiro en cuatro veces llenando mi estómago en vez de los pulmones; aguanto la respiración mientras me digo una vez más «estoy seguro, me siento seguro, solo es ansiedad», ahora expiro el aire despacio en cuatro partes de nuevo.

Cada síntoma horrible que experimento lo han sentido muchas otras personas, y aunque piense que lo que estoy viviendo en este momento es más fuerte que nunca y esté seguro de que nadie ha llegado a ese punto en el que me encuentro ahora, me equivoco; y otros lo han vivido, pasado, sufrido y superado al igual que voy a hacerlo yo ahora.

Ánimo, lo estoy haciendo muy bien. Es horrible lo que estoy viviendo, pero se pasará, tranquilo que se pasará.

Sigo respirando tranquilamente, en cuatro veces: inspiro, uno, dos, tres, cuatro; aguanto mientras me repito «Yo soy, estoy a salvo, solo es ansiedad»; ahora expiro, uno, dos, tres, cuatro; inspiro, uno, dos, tres, cuatro; aguanto antes de expulsar el aire y repito, «Yo soy, estoy a salvo, solo es ansiedad», expiro, uno, dos, tres, cuatro; inspiro, uno, dos, tres, cuatro, «Yo soy, estoy a salvo, solo es ansiedad»; expiro, uno, dos, tres, cuatro; inspiro, uno, dos, tres, cuatro, «Yo soy, estoy a salvo, solo es ansiedad»; expiro, uno, dos, tres, cuatro; inspiro, uno, dos, tres, cuatro, «Yo soy, estoy a salvo, solo es ansiedad»; expiro, uno, dos, tres, cuatro; inspiro, uno, dos, tres, cuatro, «Yo soy, estoy a salvo, solo es ansiedad»; expiro, uno, dos, tres, cuatro; inspiro, uno, dos, tres, cuatro, «Yo soy, estoy a salvo, solo es ansiedad»; expiro, uno, dos, tres, cuatro.

Me concentro solo en esta respiración, y me repito esto tantas veces como sea necesario. Aunque me tiemble la mano, aunque no me la sienta, aunque los latidos de mi corazón no me dejen, sigo respirando así… Mi sensación es que no puedo, pero sí que puedo hacerlo. Solo es cuestión de práctica y lo estás haciendo muy bien. Ánimo, que ya queda poco.

Como me voy encontrando mejor me repito estas afirmaciones: «Me libero de la necesidad de pasar por otro ataque», «Estoy agradecido porque el ataque está pasando ya», «Lo estoy haciendo muy bien», «Me amo y me apruebo», «Aprendo de esta circunstancia lo que mi cuerpo me quiere revelar y la dejo marchar con amor», «Me libero de todo lo malo que tengo dentro», «Con este ataque todos mis miedos internos se han esfumado para siempre», «Confío en el proceso de la vida», «Estoy seguro, me siento seguro», «Estoy en proceso de acabar con mi pánico», «Estoy en pro-

ceso de ser una persona segura y tranquila», «Doy gracias a mi cuerpo por revelarme que algo va mal», «Tomo consciencia en este momento de que he superado una crisis y que estoy sano y salvo», «Renuncio a la necesidad de crearme posteriores crisis», «Me acepto y me apruebo una vez más».

Si en el momento de la crisis estás acompañado, quizá te ayude que te lo lea tu acompañante, de forma muy tranquila, pero con decisión y firmeza; en ese caso te vendrá bien un poco de contacto físico, que te abracen o cojan de la mano mientras te leen este texto.

La fórmula mágica para la ansiedad anticipatoria

Una vez hemos tenido una crisis de ansiedad, se desarrolla lo que se conoce como ansiedad anticipatoria, que es ese miedo a que se vuelva a desencadenar una crisis.

Se nos llena la mente de «Y si…», despertamos la consciencia a todas las posibles posibilidades de que nos vuelva a ocurrir en diferentes situaciones.

Si queremos hacer un aprendizaje verdaderamente positivo y acabar por transmutar los miedos en algo verdaderamente productivo para nuestra evolución como personas, es muy importante que el trabajo psicoeducativo se haga ofreciéndote respuestas a ti mismo de una manera consciente, enfocadas a la verdad y en términos positivos.

En este punto es donde se encuentra por primera vez lo puramente mental con el lado místico, porque nuestra mente querrá encontrar una seguridad donde no existe, y del mismo modo, se nos abre la oportunidad de elegir entregarnos a la confianza, y no confianza en que no nos va a pasar, sino confianza en que pase lo que pase aceptamos que es para nuestro mayor bien, porque tenía que pasar para nuestro aprendizaje.

Decidiremos, o no, «pagar el precio» de asumir el riesgo, porque entendemos que lo que deseamos conseguir, los motivos que nos mueven a la acción, la motivación, tienen suficiente peso como para decidir asumir el riesgo.

Para afrontar cualquier miedo precedente de un «Y si...», es muy importante clarificar nuestra motivación. Enfrentarse a un miedo «cuesta», pero recuerda que todo lo que en esta vida merece la pena requiere pasar por ese sobreesfuerzo.

Esas «cuestas» pueden convertirse en la mejor de tus excusas o en el mejor de tus motivos sabiendo que detrás de ellas te encontrarás con el regalo de tu satisfacción personal, además de las llaves de esa libertad que tanto ansías.

Todo el mundo quiere ser libre, pero ¿estás dispuesto a pagar el precio de serlo?

Visualízate como esa persona que ha conseguido vencer ese miedo, identifícate con esa imagen. Yo me imaginaba contando a las personas cómo había superado y aprendido de todo ello, y me creí tanto el personaje que me he convertido en él, hasta el punto de dedicarme a escribir libros sobre ello. ¡Si puedes soñarlo, puedes crearlo! Es más, ¡para crearlo, debes soñarlo!

La fórmula mágica para los «Y si...» consiste en que, cuando te viene el pensamiento, tú siempre tienes que darle la misma respuesta:

1. Gracias por avisarme de que esto puede ocurrir, asumo el riesgo y suelto el control, ya me ocuparé si es que llega a ser necesario. (Postergas la acción.)

Recuerda siempre que todo lo que tienes es el presente, y que no puedes hacerte cargo de algo que no existe nada más que en tu imaginación.

2. Asociado a esta gestión, tienes que trabajar las siguientes creencias que te apoyen repitiéndolas jugando a que te las crees hasta que llegues a creerlas.

- Tengo dentro de mí todo lo que necesito para afrontar las situaciones que la vida me pone.

- La vida solo me da la fortaleza y los recursos para afrontar una situación cuando la situación aparece, no antes.

- Todo lo que ocurre en mi vida, aunque me genere dolor, es para mí aprendizaje y evolución como persona.

La agorafobia

¿Qué es la agorafobia? La agorafobia se describe comúnmente como la fobia a los espacios abiertos, y, la verdad, pienso que quien formuló esta descripción nunca supo ni sintió lo que es la agorafobia. Si tuviera que describirla de alguna manera yo llamaría a la agorafobia «fobia al miedo» o «miedo al miedo».

La agorafobia es un trastorno que no nace de la noche a la mañana; es un proceso que normalmente nace de un ataque de ansiedad o pánico, pero también puede aparecer por miedo a desmayarse, a perder el control de algún modo.

Cuando sales de tu zona de confort, se activa una alerta interior, lo cual produce, con el simple pensamiento, una serie de sensaciones o sentimientos asociados que interpretamos como reales. No nos damos cuenta de que lo que tememos realmente no es la situación en sí, sino más bien la película mental que nos hacemos acerca de dicha situación.

Cuando tenemos un pensamiento, dentro de nuestro cerebro se activa una conexión neuronal, y esta da lugar, a través de un impulso eléctrico, a la liberación de una serie de sustancias químicas o neurotransmisores que van a hacer que te sientas de una determinada manera.

Hablamos de pasado y futuro, cuando realmente todo a lo que nos enfrentamos es a un eterno momento presente. Lo que ocurrió en el pasado, ocurrió en el presente, y lo que pase en el futuro también ocurrirá en ese presente.

Lo que sientes ahora mismo, además, está condicionado por muchos factores, desde tu estado de ánimo del momento, hasta la información que has recibido ese día, tus experiencias y circunstancias pasadas, e incluso tu genética. Y si vamos más allá, podemos incluso mencionar al famoso karma. Quién sabe, lo que de verdad es seguro es que nada ni nadie puede saber cómo afrontarás una situación hasta el momento que te ocurra.

¿Cuántas veces has pensado que no ibas a poder superar ciertas situaciones y luego, en el momento, has sacado fuerzas de «no sabes dónde»?

Hace mucho que elegí creer que tenemos dentro de nosotros todo lo que necesitamos para afrontar las dificultades de nuestra vida, que la vida solo nos pone delante aquello que somos capaces de afrontar. Sin embargo, no lo hace antes ni después, sino justo en el momento que lo necesitamos para nuestra evolución.

No podemos ir por la vida buscando recursos y fuerzas para afrontar situaciones que todavía no han tenido lugar, básicamente porque no existen, y es por ello que la vida no nos ha dado el recurso para ello.

Es como si vas a una panadería y le pides al panadero que te venda el pan de dentro de tres días, y te empeñas en ello. El panadero, por más que quiera, no podrá, porque no existe, como mucho podrá invitarte a que vuelvas al cabo de tres días.

Es parecido a cómo debemos gestionarlo nosotros. En un proceso de agorafobia, así como cuando afrontamos cualquier situación que nos da miedo, nos encontramos dos tipos de ansiedades: la llamada ansiedad anticipatoria, que son todos esos «Y si...» que hemos visto anteriormente, donde tomamos consciencia de las diferentes posibilidades de peligro; y por otro lado, la ansiedad producida por el mero hecho del afrontamiento.

Si no gestionas adecuadamente la ansiedad anticipatoria, llegarás al momento de afrontar la situación con un nivel de ansiedad tan grande que, al sumarlo con el propio del hecho de afrontar algo que te causa miedo, se va a convertir en algo verdaderamente difícil de sostener.

Para superar la agorafobia se utilizan comúnmente **terapias conductistas de exposición**. Yo voy a hablarte de mi experiencia, lo cual no significa que esté en contra de estas terapias, o piense que no funcionan. Desde mi entendimiento considero que todos somos distintos, y que cada persona tiene su aprendizaje y su propio proceso; estoy segura, por ello, que existen personas que pueden verse beneficiadas por este tipo de técnicas.

Yo te explico, desde mi sentir, por si eres de esas personas que buscan alternativas, por qué no conseguiste hasta ahora resolverlo con otros recursos.

Pido perdón, ante todo, si alguien se ve ofendido por tirar por tierra algunas teorías y estudios, por otro lado científicamente probados. Quizá soy un espécimen científicamente desaprobado. Sin embargo, todos los recursos y herramientas que ofrezco en este libro son técnicas que también tienen una base neurocientífica, aplicadas en sinergia a otras modalidades de técnicas alternativas y metafísicas, las cuales han funcionado, no solo conmigo, sino con cientos de personas durante todos estos años que llevo desarrollando el método VSA.

Las terapias cognitivo-conductuales se centran en el pienso-actúo; sin embargo, lo realmente importante, como seres racionales y emocionales que somos, es que lo que de veras nos lleva a actuar de una determinada manera pasa por una emoción y por la interpretación que le damos a la misma.

Por eso las terapias que se centran en el objeto temido como causa de la fobia no siempre funcionan, porque el verdadero trabajo está en la interpretación que le damos a esa respuesta emocional que se produce cuando nos enfrentamos a aquello que tememos.

Y para más inri, el último paso consistiría en soltar lo mental, para entregarse a un nuevo entendimiento, a un nivel espiritual, porque al final de todo el proceso indudablemente te encontrarás con ese momento de pasar de la seguridad a la confianza, tendrás que aprender a soltar, a entregarte, a asumir riesgos, porque no podrás resolver con la mente algo que no le toca a la mente, algo que va más allá del entendimiento del ser humano como ser racional.

Por esta premisa, el principal enfoque viene de aprender a sentir, de descubrirnos en ese sentimiento causado por una interpretación que le damos al conjunto de emociones que aparecen cuando afrontamos cualquier situación, pensamiento negativo, síntoma o sensación que advertimos en una capacidad elevada de consciencia, porque este trastorno no es más que una inadecuada interpretación de un despertar evolutivo.

La buena noticia es que la neurociencia aplicada a todo este proceso nos brinda la oportunidad de aprender desde un nuevo entendimiento, y podemos reeducarnos gracias a la neuroplasticidad cerebral, que es la capacidad que tienen las conexiones neuronales de modificarse.

Si aprendes a identificar de manera consciente tu diálogo interno, toda esa información que aparece cuando algo te da miedo, podrás descubrir esas creencias limitantes que te frenan, para luego modificarlas de manera consciente y con lógica, proporcionándote reiteradamente las respuestas que necesitas aprender, como si de educar a un niño pequeño se tratara. Y aunque al principio no te las creas, poco a poco, irás creando nuevas conexiones neuronales que den una nueva interpretación a esos miedos, hasta que la respuesta emocional se modifique por completo, con lo que se abrirá una nueva puerta hacia una nueva realidad para ti. Lo sé, parece magia, pero no lo es, es neurociencia.

Lo que sí que es importante a la hora de darnos respuestas es que estas tengan una finalidad productiva para nuestro crecimiento y evolución personal.

Aquí viene la parte, quizá, más trascendental del asunto, la que está vinculada a la parte más profunda, porque nos va a conectar a un nivel donde nuestro verdadero aprendizaje está en aprender a soltar el control. Debemos tomar consciencia de que el hecho de querer controlarlo todo es una verdadera **utopía**. **Nadie**, absolutamente **nadie** en todo el planeta, lo controla todo de su vida. Todos estamos expuestos a muchos riesgos, e incluso las personas que no han tenido nunca ansiedad pueden perder en un momento dado el control de sus vidas y de su mente, tener un accidente de tráfico, desmayarse en un autobús o morir de un infarto de camino a comprar el pan. La diferencia entre quien tiene agorafobia y quien no la tiene es que este último, a pesar de ser consciente de que todos estamos expuestos a riesgos, elige confiar en que esto no va a ocurrirle, suelta el control, pone la situación en manos de Dios, de la vida, del universo, del destino, o como quieras llamarlo, y también decide confiar en sus capacidades para afrontar las situaciones que la vida le ponga, cuando le toque, si es que le toca, y de la manera que toque. Dicho de otro modo, acepta que en el hipotético caso de que le ocurriera algo, sería capaz de afrontar la situación.

Con esto quiero decir que intentar controlarlo todo es **imposible**, y que todas las técnicas que fomentan ese control en búsqueda de una seguridad no solo son inútiles, sino que son contraproducentes para nuestra ansiedad. Que una persona inteligente trate de autoconvencerse, a base de racionalizar situaciones y probabilidades, de que no puede pasarle nada, es inútil, porque siempre se quedará con esa pequeña posibilidad de que sí puede ocurrir y se cumpla lo que se teme, por más ínfima que sea.

Aquí tenemos otra enorme oportunidad de evolución personal, crecimiento, aprendizaje y por qué no, madurez.

Se trata de aprender a ASUMIR riesgos y entregarse a la EXPERIENCIA.

Absolutamente todo cambio que viene de una persona con consciencia, sea cual sea el resultado final del mismo, pasa por un proceso de asumir riesgos, y otro de duelo de pérdida de algo que se deja marchar o se suelta.

Muchas personas dicen que con los años se han vuelto más cobardes, cuando simplemente se han convertido en más conscientes y, consecuentemente, han desarrollado más miedos.

La libertad es el triunfo de los valientes, porque tiene un precio caro. Es fácil querer ser libre, pero ¿cuántas personas realmente están dispuestas a pasar por el proceso de conseguirlo?

La zona de confort va haciéndose más amplia a medida que vas venciendo esos miedos y vas cargándote patrones y limitaciones mentales, juicios que te encierran en lo que crees que es lo normal.

Las personas que se conforman no tienen tantos conflictos internos, porque se resignan. Sin embargo, la inquietud por estar bien, mejorar tu vida, cambiar lo que no te gusta te lleva a encontrarte con un montón de malestar, y solo las personas que están verdaderamente dispuestas a afrontarlo y aprender de ello podrán conocer el resultado que existe detrás.

El resultado puede ser aquello que deseamos, o aquello que temíamos, y en nuestra decisión de asumir el riesgo está la posibilidad de avanzar.

Mirarlo de este modo nos sitúa en una actitud de responsabilidad, nos saca de un posible rol de víctima, y nos da poder para tomar las decisiones.

Pretender no tener miedo para afrontar una situación es como pretender ponerse a dieta sin pasar hambre.

Todo lo que merece la pena en la vida requiere un esfuerzo, pues también existen situaciones que merecen ese «miedo», y para ello la clave está en enfocarse en lo que realmente deseamos conseguir.

Esto nos vincula con la motivación, es el motivo que nos lleva a la acción; si los motivos no son lo suficientemente importantes para ti y no conectan con tus verdaderos valores, no vas a querer pagar el precio.

Las personas valientes no son aquellas que no sienten miedos, el grado de valentía es proporcional a la capacidad de afrontar los miedos.

El miedo y la muerte

El miedo es una emoción básica, instintiva, cuya función principal es advertirnos de una posibilidad de peligro. El hecho de tener miedo no significa que estemos en peligro, es más, puede ser que estés en peligro y no sientas miedo, puesto que este depende de la consciencia de peligro y no del peligro en sí.

Si, por ejemplo, vas caminando por la calle y viene por detrás alguien y te pega un tiro, no sentiste miedo, pero estabas en peligro. Del mismo modo puede ocurrir al contrario, puedes tener una alta consciencia de peligro, y sin embargo no estarlo.

Por eso, cada vez existen más personas con trastornos asociados al miedo, porque nos encontramos en una potente era del despertar de consciencia, porque además manejamos muchísima información, porque la sociedad de bienestar cada vez nos hace más intolerantes al sufrimiento, porque el marketing nos lleva a expectativas utópicas, porque nuestro sistema educativo, social y cultural de los últimos años nos manipula a través de los miedos.

Nuestra relación con los miedos es cada vez peor, nos han enseñado a que el miedo es peligro y es malo. Además, no interesa que esto funcione de otra manera, porque las grandes industrias farmacéuticas se benefician de ello, la prueba está en que a la cabeza del consumo se encuentran los ansiolíticos y los antidepresivos.

Yo también quiero aportar mi granito de arena a este despertar. Sin embargo, no lo haré a través del miedo, sino que quiero ayudarte a que esa conciencia de peligro la transmutes en conciencia de amor desde un enfoque distinto.

Medita sobre esto:

Si tienes miedo a algo, es porque temes perder algo que tienes, si temes perderlo es porque de algún modo lo tienes; entonces, es porque le estás dando subconscientemente valor y, si lo valoras, puedes conscientemente agradecerlo.

Si temes que te aparezca un cáncer, es porque tienes salud y la valoras, temes perderla, y entonces puedes agradecerlo.

«Me da terror tener un cáncer.»

«Doy gracias por mi salud.»

Como respuesta a esto, tu mente, involuntariamente, te mandará el siguiente mensaje: «Pero ¿y si me aparece un cáncer?», entonces le vuelves a responder como lo hacemos con cualquier situación anticipatoria: «Sí es cierto, puede que tenga un cáncer, asumo el riesgo, pero elijo confiar que lo que tenga que ser será, lo pongo en manos de Dios, y ya me ocuparé de eso cuando toque si es que toca, porque decido confiar en que la vida me dará la fuerza que necesito para afrontar cualquier situación de mi vida».

Ahora compáralo con esta otra afirmación: «Soy joven y sana, en un 98% es posible que no sea un cáncer, y, además, en mi familia no hay muchos casos».

En la primera respuesta estás transmutando el miedo en confianza a través de un acto de responsabilidad y fe.

En la segunda, te estás comprando la película, a través de la mente y el control, y sigues alimentando los «¿Y si...?

¿Ves la diferencia?, o mejor dicho, no me vale que la veas, ni siquiera que la creas, la pregunta es ¿la sientes?

Toda pauta de control, en nuestra intención de protegernos ante una situación donde nuestra seguridad no depende de nosotros, genera instalar en la mente una necesidad de comprobación neurótica. Sin embargo, una intención de aprender del miedo, aceptando con humildad la verdad, que es que todo no depende de nosotros, bajando al corazón todo aquello que no podemos solucionar con la mente, y poniendo nuestra seguridad en manos de Dios, de la vida, del universo o del destino, nos lleva a un estado de aceptación. A partir de ese estado, podremos interpretar y afrontar aquello que tanto tememos con una visión más optimista.

Verdaderamente, el 90% de nuestro sufrimiento está producido por el miedo a que nos ocurra algo, y solo el 10% está causado por una situación peligrosa real.

Y el miedo duele, pero no te mata, y si nuestro problema es que nos morimos, pues entonces tenemos el mismo problema que **absolutamente todos** los habitantes de la Tierra. Y no todos viven sufriendo el horrible estado que genera un trastorno de ansiedad.

Todo esto tiene que ver también con el grado de consciencia con respecto a la muerte. Hay personas que nacen, crecen, se reproducen y mueren, casi como una seta; viven de manera autómata sin plantearse ese momento. Otras, toman consciencia cuando se acerca el momento; otras, tras la pérdida de un ser querido o de un accidente empiezan a ser conscientes de ella, y otras lo traemos de serie desde el nacimiento.

No hay niveles de consciencia superiores ni inferiores, todo forma parte de un plan perfecto, y cuando entiendes que todos somos uno, y que todo es necesario, empiezas a centrarte en ti en vez de querer cambiar a los demás para conseguir ser felices.

Temer a la muerte es humano; significa enfrentarse al gran desconocido. Las personas que dicen no tenerle miedo es porque tienen asumido que eso llega, y deciden sacar la mente de ahí hasta que no llegue el momento.

Pretender prepararnos para nuestro momento de dejar este mundo antes de tiempo es elegir el control y el camino de la seguridad. Ante un imposible es elegir la ansiedad y acabar creyendo morir o enloquecer.

Cada vez que nos regodeamos en ello, nuestro cerebro interpreta que lo estamos haciendo. Yo elijo morir solo una vez, ¿y tú? ¿Cuántas veces quieres hacerlo?

La fobia social

Los diagnósticos de **fobia social** también tienen mucho que ver con la anticipación, ya que el miedo a hacer el ridículo, a desmayarse, a que te miren, o a no estar a la altura va generando autolimitaciones hasta evitar situaciones que lleven a afrontar aquello que se teme.

Si te das cuenta, da igual que el miedo venga de la mano de un síntoma, un pensamiento, una creencia limitante, una sensación o una situación, al final siempre estamos hablando de lo mismo.

La llave de nuestra libertad está dentro de nosotros, y en la capacidad que desarrollamos para afrontar todos aquellos miedos que nos limitan hasta conseguir llegar al lugar que realmente nos corresponde, aquello que somos.

Sabremos que somos lo que estamos destinados a ser en ese momento, cuando nos sintamos en paz con nosotros mismos. No existe otro termómetro mejor que nuestra felicidad, porque hemos venido a ser felices, y todo lo que nos separe de ello significa que tenemos aprendizaje que resolver para volver a la esencia de lo que somos.

La fobia de impulsión

Se denomina fobia de impulsión al hecho de tener terror a los propios pensamientos, a perder el control, a hacer daño a alguien. Los pensamientos son solo pensamientos y jamás podrán hacerte daño.

Es parte de tu creatividad; las personas que escriben películas de miedo no son asesinas.

Se convierte en un problema cuando pretendes controlar lo que pasa por tu mente, cuando no quieres pensar eso, cuando no quieres temer eso, cuando te obsesionas con eliminar de tu mente aquello que no quieres que esté allí; cuando interpretas que es malo pensar en ello, te juzgas o lo juzgas.

Para empezar, te voy a razonar con lógica algo que quizá te ayude a dar un primer paso, aunque no sea el definitivo. Si temes eso que piensas es porque tu mente te avisa de que no quieres hacerlo, si quisieras hacerlo, o lo fueras a hacer, no sentirías miedo.

A mí me parece divertido comprobar cómo nuestra mente trata de «ayudarnos» a demostrarnos a nosotros mismos de lo que somos o no capaces con la limitada capacidad humana. A veces, cuando estoy en un sitio con altura, siento como ganas de tirarme, a la vez del miedo a hacerlo, es como un impulso que me dice «hazlo» y, automáticamente, se activa el miedo, el cual se puede interpretar como miedo a hacerlo, cuando realmente es el freno automático para no hacerlo. Cuando no lo haces, sientes cierto «control» que te conecta con una sensación de seguridad por un tiempo.

Mis pensamientos son catastróficos y horribles muchas veces, cuanto más valor y más protección quieras darle a algo, más cosas terribles te pueden acudir a la mente en tu intención de protegerlo.

Se me han pasado por la cabeza cosas terroríficas, desde violar a mis propias hijas, matarlas, hacer cosas terribles... Tengo una mente de lo más creativa para bien y para mal.

No le des importancia y sácale humor, son solo pensamientos, solo pensamientos, y como dice Louise L. Hay, los pensamientos siempre se pueden cambiar, todo dependerá de la interpretación que les des y el buen uso o no que hagas de ello.

La hipocondría

Es la obsesión con tener una enfermedad. Recuerdo ser hipo-condríaca desde que tengo uso de razón. Era solo una niña y era la época del sida, desde mi limitado entendimiento de niña, cada vez que tenía contacto en la calle, en hoteles y en lugares donde no me sentía segura de la higiene, pensaba que iba a contraerlo.

Luego todo empeoró cuando mi mejor amiga, con catorce años, sufrió un cáncer. Viví muy de cerca esa enfermedad, y vi muchas cosas que me impresionaron, las cuales normalicé hasta el punto de perderle el miedo. Hasta que, a los cuatro años, ella falleció; creí enloquecer, me obsesioné por completo con la idea de que me pasara lo mismo, al fin y al cabo nuestras vidas habían sido paralelas hasta entonces. Nos desarrollamos a los diez años las dos, perdimos ambas la virginidad al mismo tiempo, todo lo hacíamos juntas, y estaba claro que pronto me tocaría a mí morir. Fue la primera vez que de verdad sentí cómo una obsesión me limitaba por completo; no dormía, solo pensaba en el cáncer. Por suerte por aquel entonces no existía Google, pasaba las noches en vela buscándome bultos. Fue una pesadilla que se complicó cuando, en mi intención de vivir la supuesta poca vida que me quedaba, me dio por las fiestas, el sexo loco, el alcohol y las drogas, que al tiempo acabaron en terribles crisis de pánico y más tarde en agorafobia.

Mi vida avanzaba sin resolver los miedos, en mi intención de controlar o evitar y no sentir. Sin embargo, mi lección de vida iba por aprender a enfrentarme un día a todo esto, trascenderlo y compartirlo con los demás. Por más que intentara escapar de ello, no hacía más que enredarme y complicar las cosas.

Si te paras a pensar, la realidad es que nadie te puede asegurar que no te vaya a pasar algo, no depende de ti que padezcas un cáncer o mueras de un infarto.

Hace mucho decidí que mi elección era preferir morir creyendo que estaba sana, que vivir creyendo que me muero constantemente.

Es una cuestión de enfrentarse a la realidad, asumir riesgos con cabeza, soltar el control de lo que no depende de uno y elegir la confianza de que estaremos preparados para afrontar lo que la vida nos mande. El camino de autoconvencerte de que no tienes nada es imposible, eres inteligente y jamás lo creerás, consecuentemente potenciará tu neurosis.

Compulsiones y conductas controladoras

Como ya hemos dicho, los pensamientos negativos los tenemos todos en algún momento determinado; a todos, en mayor o menor medida, nos vienen a la cabeza ideas negativas, absurdas o hipocondríacas, algunas fomentadas por la sociedad en la que vivimos, dado el bombardeo de noticias —sobre todo los sucesos—, por parte de los medios de comunicación, y el gusto por el morbo.

Otra cosa es que estos pensamientos aparezcan en nosotros de manera compulsiva; porque una cosa es que, de vez en cuando, los tengamos, y otra muy distinta es que te pases todo el día recreándote y obsesionado en cosas horribles y te veas como protagonista de las mismas, ahí, con tu cara, la de tu madre o la de tus hijos.

Entramos en el pensamiento de: «Si me imagino esta situación muchas veces conseguiré prepararme y superarlo antes de que ocurra, así, si pasa, ya no lo tendré que pasar mal».

¡Ay, Dios!, así de absurdos nos comportamos a veces: pasarlo mal por si algún día tenemos que pasarlo mal.

Reafirmemos las tres reglas básicas:

1. Asumir el riesgo. Es muy importante decirnos la verdad: «Sí, es posible que esto vaya a ocurrir». No tratemos de racionali-

zarlo pensando en las pocas posibilidades que tenemos de que ocurra, porque nos quedaremos con la idea de la ínfima posibilidad de que sí suceda.

2. Soltar el control, y poner la situación en manos de Dios, de la vida, del universo, del destino, o como quieras llamarlo.

Yo para esto hago un ejercicio, y lo practico con las personas con las que trabajo. Coloco un globo de helio virtual, a través de una hipnosis, encima de mi cabeza, entonces, cada vez que existe una situación o algo que quiero soltar, lo meto con mi imaginación ahí dentro; luego visualizo cómo un halo de luz de amor lo ilumina, y luego, con mi mano, corto la cuerda y lo suelto. El globo se recicla tantas veces como quieras, es muy alentador saber que tienes ahí un globo preparado para dejar marchar todo lo que necesites. Es una especie de expiación, basada en «El curso de milagros».

3. Elegir confiar y pedir protección, asumiendo y enfocándonos en la creencia de que, sea lo que sea, incluso si pasa, es porque forma parte de mi aprendizaje, y en su momento lo afrontaré con las capacidades que la vida me dé, porque somos más fuertes de lo que creemos.

La sociedad de bienestar nos está convirtiendo en personas que no toleramos sentir dolor; vivimos en una era emocional medio nazi donde parece que si no somos felices, la vida no vale nada.

Debemos aceptar el dolor, los miedos, las culpas, e incluso la enfermedad y la muerte, como algo natural de la vida. Y comprender que la vida no es injusta, simplemente es la vida; y que cada uno tiene que pasar por unas experiencias más o menos dolorosas, y que el dolor duele, aunque parezca que el de uno mismo sea el peor de todos.

A otro nivel debemos entender que hemos venido para ser felices, pero que todo lo que nos separa de ese estado son los aprendizajes que debemos transmutar y adquirir para llegar a esa «ansiada» felicidad, porque de no ser así no tendríamos consciencia de la misma y consecuentemente no podríamos ser felices.

Del mismo modo, debemos estar dispuestos a sostener una insatisfacción inmediata si deseamos obtener una satisfacción duradera; el precio a pagar por elegir la seguridad inmediata puede costarnos muy caro. Es preferible aprender a aguantarnos, a corto plazo, para luego tener un resultado mejor. Decidir cambiar seguridad por confianza, porque la primera no existe, y lo que tenga que venir, solo Dios dirá.

Somos adultos, y el autocontrol es necesario para que la vida funcione adecuadamente. Por eso, si a un niño se le ha consentido mucho de pequeño, de mayor puede tener problemas de autocontrol, de ahí la necesidad de ponernos límites y estar dispuestos a sentir la sensación de incertidumbre, y esperar.

Cuando estamos educando a un niño que pide galletas antes de comer, asumimos que debe encontrarse con su enfado, incluso puede tener un berrinche. Sabemos que si cedemos, el niño volverá a pedir galletas antes de comer, y volverá a tener un berrinche para conseguir su propósito.

Sabemos que a un niño no le pasa nada por dejarle «sufrir» un rato, amamos a nuestros hijos y sabemos que educarlos pasa por eso muchas veces. Es muy duro dejar a nuestros hijos en la guardería llorando, en brazos de un extraño, hasta que se acostumbra; sin embargo, lo hacemos porque sabemos que acabará por tomarle cariño a la profesora, y que no pasa nada más allá del mal rato.

En relación a las compulsiones sucede una mecánica parecida: por no sentir nuestro «berrinche» evitamos o controlamos, pero no aprendemos, y luego aparecen sentimientos de víctima, quejas, malestares y baja autoestima.

Por no querer esforzarnos, al final acabamos por no avanzar. Nuestra parte niña querrá hacer lo que le apetece, sin embargo, nuestro yo adulto sabe lo que nos conviene. Nuestra vida, para que marche, para tener éxito, para ser felices debe dirigirla por nuestro adulto interior.

En la siguiente tabla puedes anotar aquellas situaciones en las que te dejas llevar por lo que te apetece, y tomar consciencia de los resultados que esto te reporta. Puedes anotar también los tuyos.

Satisfacción inmediata	Insatisfacción duradera
No coger el coche	Sentirme mal por quedarme sin un plan que me gustaba

Insatisfacción inmediata	Satisfacción duradera
Coger el coche	Disfrutar de la cena con amigos, sentir orgullo de mí misma

Estar obsesionado con algo tiene mucho que ver con el sentimiento de aburrimiento y falta de motivación en la vida.

El siguiente paso a decidir aguantar la insatisfacción momentánea sería enfocarse en otras cosas, entretenerse, que es lo que hacemos con los niños cuando queremos que salgan del berrinche de verdad.

¡Vamos a ver ese juguetito! Y le enseñamos aquello que más les gusta para cambiar el foco y la emoción.

¿Tienes localizados tus juguetes favoritos? ¿Tienes alimentos para tu alma? ¿Cosas que te encante hacer? ¿Motivaciones?

Llegados a este punto, quizá pienses que no los tienes por culpa de tu ansiedad, cuando la realidad es justo lo contrario: tienes ansiedad porque no los tienes.

Existe un abismo entre trabajar la ansiedad desde una perspectiva u otra, por eso te invito a que reflexiones

¿Cómo sería tu vida si no tuvieras ansiedad? ¿Qué harías?, y no perder esa idea, ir evolucionando hacia ella e ir gestionando todo lo que te aparece y te limita hacia tu verdadera felicidad.

De esta manera, te moverá la ilusión, y el amor, en vez del miedo. Y el poder de la intención marcará por completo la diferencia haciendo de lo imposible una de las infinitas posibilidades.

Existen dos técnicas que ayudan mucho en estos casos:

1. La técnica de los cinco minutos. Siempre que quieras irte de un sitio, que sientas que quieres huir a tu zona de confort en búsqueda de esa satisfacción inmediata, o por el contrario, tengas una compulsión, muchas ganas de hacer eso que te obsesiona, como mirar Internet, tocarte una parte de tu cuerpo, o mirar en el móvil si alguien te ha escrito, céntrate en tu

aquí y ahora y negocia contigo mismo aguantar cinco minutos más, solo cinco minutos. No te digas a ti mismo que no puedes hacer tal o cual cosa, eso te pone más inquieto y potencia la compulsión; date permiso para hacerlo, dite: «Sí, puedo hacerlo, sin embargo elijo esperar cinco minutos». Seguro que puedes aguantar ese tiempo, ¡no son tanto cinco minutos! Cuando hayan transcurrido, vuelve a negociar por cinco minutos más. El pico de la compulsión no dura más de veinte minutos, si consigues hacer este ejercicio dos o tres veces te darás cuenta de que ya no sientes esa necesidad de huir o controlar.

Esto también sirve para la ansiedad por la comida, para esos momentos de antojo loco por un dulce, o para cuando estás dejando de fumar.

2. La técnica de 1 minuto. Esta técnica vale para comprometerse y pasar a la acción. Dice la filosofía oriental que quien puede comprometerse un minuto puede comprometerse para una vida entera.

Por las mañanas, a veces mis hijas no quieren ir al cole, están cansadas y me dicen que se encuentran mal. Alguna vez las he creído y las he dejado en casa, y al rato estaban perfectamente. ¡Me mintieron!, entonces, para que no vuelva a ocurrir, les propongo que se levanten y que, si en un minuto en el cole siguen encontrándose mal, las espero abajo, las recojo y las llevo a casa. Si de veras están malitas, vuelven a bajar; sin embargo, la mayoría de las veces, una vez se han despertado, vestido y llegan al cole y ven a las compañeras, de repente ya se encuentran bien y quieren quedarse.

Es un buen recurso para vencer la pereza, para afrontar esa insatisfacción momentánea y obtener la recompensa a largo plazo.

Los superpoderes:
irrealidad y despersonalización

Cuando estamos muy presentes y tenemos un grado de consciencia muy elevado, te darás cuenta de que percibes el mundo de una manera que se hace extraña: es lo que se denomina despersonalización o irrealidad. Se dice que es un síntoma de ansiedad, cuando realmente es un signo de consciencia y presencia elevada.

Muchos yoguis darían lo que fuera por conseguir percibir el mundo desde esa sensación, y, sin embargo, otras personas se asustan y se generan ansiedad con la intención de dejar de sentirlo.

Como esta sensación parte de un elevado grado de consciencia y presencia en el presente, si queremos eliminarla nos enfocamos más en ella (recuerda el ejemplo de no pensar en el elefante rosa) y, consecuentemente, potenciamos la sensación.

Yo juego con mi voz, puedo hablar, ser consciente de que estoy hablando o ser consciente de que estoy siendo consciente de que estoy hablando; entonces mi voz de repente parece que no es mía, incluso me parece sorprendente que yo sea la que esté dando la orden de emitir esa información, siento que mi ser está por otro lado, y en cierto modo es así. Es una señal más de que nuestro nivel de consciencia va mucho más allá del cuerpo físico.

¡No te asustes! Es otro de los muchos dones que se esconden tras esto que llaman ansiedad. Utiliza esta consciencia para ver un anochecer, para conectar con la naturaleza, y prepárate para el subidón de la experiencia. Date el placer de percibir el mundo desde una percepción sobredimensionada. ¡Tienes superpoderes! ¿No te das cuenta?

Para salir de esa sensación puedes hacer algo tan sencillo como dejar de poner atención en ello. Yo hago un juego con mis ojos: miro hacia un lado y otro y, entonces, cuando mi cerebro trata de identificar lo que ve, yo ya he llevado mi mirada a otro sitio; de este modo se produce una sensación de mente en blanco que me saca de ese estado cuando decido hacerlo.

A veces, el juego de la consciencia va a su rollo, no trates de controlarlo, acepta lo que te viene y fluye con ello, todo lo que te ocurre es perfecto, y eres afortunado por lo que la vida te brinda, solo que no sabes manejarlo.

Superar la ansiedad: camino hacia la libertad

Habitualmente, nos enteramos de que tenemos un trastorno de ansiedad porque mostramos una sintomatología muy desagradable (taquicardias, sensación de despersonalización e irrealidad, entumecimiento de extremidades, etc.)

Cuando acudimos al médico, lo hacemos porque queremos acabar con estos síntomas y nos cuesta creer que lo que tenemos no es algo más grave (y no digo *serio*, porque considero que la ansiedad es algo muy serio).

Tras un diagnóstico de ansiedad, el doctor nos recetará, normalmente, un antidepresivo, un ansiolítico y, probablemente, nos recomendará psicoterapia.

Llevo dedicada gran parte de mi vida a investigar, estudiar y aprender acerca de este tipo de trastorno. He trabajado conmigo misma y con cientos de personas de todo el mundo hispanohablante, y siempre acabo llegando a la misma conclusión: detrás de un trastorno de ansiedad existe siempre una enorme oportunidad de superación personal y aprendizaje positivo que va mucho más allá de algo puramente psicológico. Detrás de un cuadro de esta índole tenemos la oportunidad de aprender:

- a conocernos mejor a nosotros mismos,
- a cambiar nuestra relación con el miedo,
- a madurar, potenciando nuestra parte lógica,
- a soltar el control y tener más fe y confianza en la vida,
- a ser más optimistas,
- a potenciar nuestra capacidad de esfuerzo y superación,
- a enfocarnos y dirigir nuestra mente hacia cosas productivas,
- a despertar nuestra consciencia,
- a llegar a Dios.

En la vida todo es dual, el yin y el yang, la luz y la oscuridad, el delgado y el gordo, la valentía y el miedo, todo forma parte de una misma moneda, todo punto débil trae consigo una fortaleza.

Una persona con tendencia obsesiva, emocional, sensible, vista de otro modo es una persona tenaz, perseverante, empática y motivadora.

Cuando estamos mal, creemos que la ansiedad nos provoca síntomas, miedos y pensamientos negativos; pero esto no es exactamente así. Tener más consciencia de nuestros pensamientos negativos y no saber manejarlos bien, es lo que genera mucha ansiedad

La ansiedad no es la causa, es la consecuencia, y la creencia de que para ser feliz tenemos que dejar de tener ciertos pensamientos, sensaciones o síntomas es completamente falsa.

Te puedo garantizar que desde hace mucho agradezco a la ansiedad que forme parte de mi vida, porque gracias a ella he conseguido potenciar los valores que me llevan a ser la mujer que soy hoy, una persona libre y auténtica.

Los mismos recursos y herramientas que un día me sirvieron para aprender a superar un trastorno de pánico, por etapas, enfocada en diferentes tipos de fobias, enfermedades, pensamientos horribles, síntomas, sensaciones extrañas, soledad, y más tipos de miedos, son los que he ido utilizando cada vez que he ido ampliando mi zona de confort conforme a una honestidad conmigo misma, hasta conseguir sentirme como hoy me siento, un ser, un alma libre, con mucho aprendizaje aún por vivir, si Dios me deja.

De ahí surgió la consciencia y la entrega a mi misión de trascender miedos, aprender y evolucionar para compartirlo con el mundo. De mis miserias nacen mis libros, mi pasión por ayudar y compartir.

No es fácil encontrarse con los miedos, hacer frente a los fantasmas, elegir aprender de ellos y transmutarlos en aprendizaje; ni a liberarse de todos esos juicios y creencias que te empujan a vivir una vida que no has elegido conscientemente.

Encontrarse con el propio ego, de golpe, genera dolor, y a la vez una enorme oportunidad de conocerte y acercarte a ti, amándote cada día más y más a ti mismo.

Sin embargo, una vez que te das cuenta de que mejorar tu versión es posible, y aprendes a disfrutar de sentirte bien contigo y libre, lo que un día comenzó con una intención terapéutica, acaba convirtiéndose en tu filosofía de vida.

Superar un trastorno de ansiedad va mucho más allá de cambiar el pensamiento. En muchos casos, entrar en justificaciones racionales lo que consigue es potenciar más aún la necesidad de control, por eso hay que ser muy cuidadoso y seleccionar muy bien las respuestas que uno se da a sí mismo.

Ante una situación que me da miedo, como por ejemplo montar en avión, tienes la opción, muy habitual, de racionalizarlo: «El avión es más seguro que el coche», sin embargo, tu mente que es inteligente te responderá: «Sí, pero eso no quita que exista la posibilidad, aunque sea de un 1%, de que se estrelle».

El miedo tiene su fundamento porque tienes consciencia de que eso puede ocurrir, y te da la oportunidad de transmutar ese miedo en fe y entrega al proceso de la vida, porque es la verdad de lo máximo a lo que puedes aspirar.

La respuesta sería: «Sí, es cierto que el avión se puede caer, aunque lo más normal es que no pase».

Desde este lugar de responsabilidad, podrás decidir si asumir o no el riesgo, y para ello deberás centrarte en las motivaciones.

Es como si pagaras un precio: «Me encantaría conocer París, me ilusiona estar allí con mi pareja paseando bajo la torre Eiffel. Estoy dispuesta a asumir ese 1% de riesgo de que se caiga, porque elijo confiar en que lo que tenga que ser para mí será; pongo esta situación en manos de Dios (o del destino)».

El siguiente paso sería poner foco, entretenerte con lo que sea durante el vuelo. Yo me suelo poner mi música favorita o leo un buen libro, o escribo, como estoy haciendo ahora mismo (estoy volando en avión).

Aunque he de reconocer que ante cualquier ruido, o en atisbos de conciencia de que estoy a no sé cuántos mil pies, de repente parece que me vuelvo ingeniera aeronáutica y mi mente trata de querer dar explicación lógica a cualquier sonido, sensación o movimiento del avión.

Me doy cuenta de que si le hago caso a esto, mi ansiedad aumenta, me salen las ganas de controlar, de mirar el reloj para ver cuánto tiempo queda de vuelo, y siento angustia.

Es todo un ejercicio de entrenamiento y práctica, hasta volver a sacar el foco de atención de ahí, soltar el control, poner de nuevo la situación en manos de Dios, y volver a concentrarme en mi ordenador.

Este ejemplo del avión puedes extrapolarlo a muchas situaciones que se asocian a conductas controladoras, como, por ejemplo, mirar en Internet enfermedades, o el móvil cuando estás obsesionado con alguien.

Hay que tener en cuenta que, mientras no se sane a este nivel, compaginando la parte mental, la emocional y la más trascendental, tarde o temprano volveremos a desarrollar neurosis, porque a medida que vamos viviendo y desarrollamos más consciencia, resurgirán nuevos miedos asociados a diferentes situaciones, pensamientos o síntomas.

Es lo que comúnmente se llaman recaídas, pero que, visto de otro modo, no son más que nuevas oportunidades para aprender a potenciar nuestra paciencia, confianza y valentía.

Por todo esto es muy importante no dejarse llevar por expectativas utópicas y darse la oportunidad de estar abierto a un nuevo entendimiento acerca de estos trastornos.

Nos podemos sentir muy frustrados si pretendemos conseguir ciertos parámetros y decretamos que para ser felices necesitamos conseguir volver a ser los de antes.

Para empezar, eso es imposible. Nunca volverás a ser el de antes, porque las experiencias nos van marcando y una vez hayas despertado tu consciencia a un nivel, ya no hay vuelta atrás. Aquí se salva quien aprende a nadar, el que no quiere aprender, se hunde; eso ya es una elección personal.

Hace mucho que decidí que un síntoma, un miedo, un agobio, una sensación que no controlo, o que las cosas no sean como a mí me gustaría, no iban a condicionar mi posibilidad de ser feliz.

Decidí que, detrás de todo ello, existe una posibilidad de acercarme a mí misma, hacerme más fuerte, más valiente, más capaz, y un largo etcétera, que dan lugar a la persona en la que cada día me convierto, porque me comprometí conmigo misma a hacer todo lo que pueda para ir mejorando día a día en una filosofía de vida consciente y positiva.

La resistencia a lo que es, adoptar una actitud caprichosa porque las cosas no son como yo quería que fueran, sentirme víctima de mis circunstancias, a lo único que me ha llevado es a más sufrimiento del que de verdad me correspondía.

Aceptar no es resignarse, es abrir tu corazón al cambio para mejorar tu vida. La aceptación conecta con la humildad de rendirse al plan divino, con la confianza de que todo lo que pase es para el mayor bien de la evolución y de la humanidad.

¿Cómo funciona nuestra mente?

La mente es una potente herramienta con funciones muy complejas. A día de hoy es bien sabido que conocemos muy poco acerca de todos los misterios y capacidades que se esconden entre todos los mapas neuronales, sinapsis y neurotransmisores.

Sin embargo, he conseguido simplificar su funcionalidad en sencillos pasos, para que entiendas la mecánica de funcionamiento y así puedas aprender a manejarla. Al igual que para conducir no necesitas aprender toda la mecánica de un coche.

El sistema de pensamiento es muy parecido al de la respiración; nosotros respiramos de manera involuntaria ¿verdad?, y además podemos poner o no consciencia en nuestra respiración. Ahora si yo te digo que realices tres inspiraciones lentas y profundas, de manera consciente y voluntaria, podemos realizarlas ¿verdad?

Cuando, a través de cualquier sentido, nuestro cerebro percibe un estímulo, se conecta una red neuronal, y se liberan una serie de sustancias químicas, que vinculan con la sensación de placer o de dolor. Esto no significa que sea positivo o negativo, solo que el cerebro asociará esto a la información que tenemos «guardada» y que considere de utilidad para ofrecérnosla, y así poder actuar de una determinada manera.

Esta información puede ser consciente o inconsciente, de hecho, todo aquello que tengamos muy arraigado o mecanizado pasará a la acción, sin darnos cuenta. Sin embargo, seamos o no conscientes, estos pensamientos aparecen de manera completamente involuntaria, y tenemos la oportunidad de decidir qué hacemos con ellos.

Dichos pensamientos irán vinculados a emociones, dependiendo de la «interpretación» que hagamos de ellos basándonos en nuestro sistema de creencias, aquello que hemos aprendido, lo cual hará que, nuevamente, volvamos a vincularlos con otro pensamiento. Esto es una cadena continua involuntaria que no acaba hasta que nosotros decidimos hacerlo.

Entonces podemos decidir vivir como víctimas de nuestro mundo mental involuntario, o bien como responsables, adoptando una actitud de aprendizaje y transmutación de todo aquello que nos limita.

Gracias a la neuroplasticidad y a la psicoeducación emocional, a la PNL, y a otras ciencias, podemos modificar, a nuestro beneficio, todas estas conexiones neuronales que nos vinculan con nuestros pensamientos y emociones.

A base de entrenar nuestra mente «forzándola» a interpretar todo aquello que nos da miedo de una manera que vaya más en línea de la confianza que de la seguridad, basándonos en la verdad universal y en coherencia con nuestros valores, nos llevará a conseguir superar y afrontar aquello que tememos.

El cerebro se modifica constantemente a lo largo de nuestra vida. Un bebé, cuando nace, tiene unas funciones prácticamente iguales que cualquier otro mamífero irracional.

Las funciones que están relacionadas con nuestra supervivencia son las que marchan, y es que, la naturaleza es sabia y sabe cómo hacer para que vayamos «por fases», desarrollando todas nuestras capacidades en función de lo que tengamos que experimentar en cada momento.

Imagina por un momento que el ego, el juicio y la crítica, por ejemplo, se activara antes de aprender a andar. ¿Cuántas personas adultas irían en silla de ruedas porque creyeron que no se les daba bien, que lo hacían peor que su primo, o porque se caían demasiado?

El cerebro del niño es prácticamente emocional, está directamente vinculado con el sistema límbico, por ello se consideran «normales» las neurosis, los berrinches o los miedos a estas edades.

A medida que pasan los años, vamos adquiriendo nuevas capacidades, más lógicas. Sin embargo, todas las funciones anteriores siguen intactas, es más, la parte lógica es la que menos vida tiene, es la última que se desarrolla y la primera que pierde cualidades, es por ello por lo que las personas ancianas vuelven a «ser como niños» en muchos aspectos, hasta que al final de la vejez vuelve a considerarse normal volver prácticamente a las funciones instintivas como si fuéramos bebés.

En la etapa adulta, podemos llegar a tener cierto «equilibrio» en el uso de las diferentes capacidades cerebrales.

Una persona equilibrada sería aquella que es capaz de sentir sus emociones, que adopta una interpretación de ellas en su beneficio de manera lógica, calibra y actúa desde esta conciencia.

Sistemas de pensamiento

Hablamos de dos sistemas de pensamiento: unidireccional, es decir, me someto a lo que mi programación voluntaria me trae ante un determinado estímulo, y bidireccional, es decir, que yo le doy una respuesta consciente y voluntaria, calibro y actúo desde la responsabilidad.

A medida que vamos creciendo, nuestro nivel de consciencia va despertando. Es cierto que existen muchos y diferentes niveles de consciencia incluso entre niños y adultos; de hecho, hay niños con niveles de consciencia más altos que algunos adultos.

En cada «despertar» se produce una crisis personal, que a su vez pueden ser las etapas de mayor experiencia, evolución y aprendizaje.

Madurar significa aprender la verdad, resurgiendo con lógica, fe y entrega en cada nuevo despertar de consciencia.

Voy a explicarte cómo, a través del sistema de pensamiento bidireccional, podemos modificar nuestras conexiones neuronales con la finalidad de trascender del miedo hacia la libertad en cada etapa de crecimiento. A esto le llaman recaídas, y yo lo denomino nueva oportunidad de evolución y aprendizaje.

Padre, adulto y niño interior

A la hora de ejercer la práctica, suelo hacerlo basándome en ejercicios psicoeducativos, tomando como base el conocido análisis transaccional.

Eric Berne, hacia 1950, desarrolló un sistema de psicoterapia humanista influenciado por el psicoanálisis de Freud, pero en vez de centrarse en el pasado, puso especial énfasis en las situaciones presentes.

Este método se refiere a los estados del ego como a las tres partes fundamentales de la personalidad del individuo, y cada uno de ellas refleja todo un sistema de comportamiento, sentimientos y pensamientos.

Estos son los roles que entran en juego para comenzar la sanación de los procesos de ansiedad.

El padre: Tiene que ver con todo el sistema de creencias que hemos aprendido de nuestros padres y personas importantes de nuestra vida, así como todas aquellas interpretaciones que hemos desarrollado de las diferentes situaciones y experiencias en función de la información que hemos aprendido. (Sistema de creencias.)

El niño: Es nuestra parte más emocional, vinculada a las reacciones más instintivas, impulsivas y espontáneas. (Pensamientos involuntarios.)

El adulto: El estado más racional y realista, está vinculado a una pieza más que le añado que no tiene que ver con lo psicológico, sino con lo metafísico, que es nuestro nivel de conciencia, y a partir de aquí creamos los pensamientos voluntarios y conscientes.

La autonomía propia, el equilibrio emocional, la madurez, se consiguen cuando nuestra parte adulta consigue satisfacer las necesidades de nuestra propia parte niña, dentro de un paradigma donde nuestro sistema de creencias nos apoya en todo aquello que realmente somos. Cuando esto ocurre, se produce una conexión interior que nos proporciona bienestar a raudales.

Es evidente que todo esto que te cuento no se consigue de un día para otro; se trata de un trabajo interno que hay que empezar por algún sitio.

Plan de acción

1. **Paliar la sintomatología es lo más urgente**. Al igual que no podemos sacar una muela cuando hay infección, a veces, la sintomatología es tan potente que es verdaderamente muy difícil realizar el trabajo necesario para conseguir aprender y gestionar.

2. **Considero importante tener la suficiente información** como para, ante todo, convencerse a uno mismo de que lo que uno tiene es ansiedad, pánico, agorafobia, y quitarse de la cabeza la posibilidad de que se padece una enfermedad física o mental grave. Recuerdo que la idea de que me iba a volver loca, que me iba a dar un infarto, o morir de un cáncer, me perseguía de manera rumiante y obsesiva.

Durante los capítulos anteriores, he tratado de proporcionarte la suficiente información como para que te convenzas de que lo que te ocurre es un proceso neurótico que se puede convertir en una oportunidad de aprendizaje y evolución para ti.

Si aún te queda alguna duda y sigues creyendo que estás enfermo, te recomiendo que vayas al médico y te hagas un chequeo completo. Hazte las pruebas que consideres necesarias, y hazlo solo una vez.

Reconoce en el proceso la dinámica de cómo tu mente quiere encontrar seguridad, y que cuando la consigue, al poco, aparece un nuevo miedo y una nueva necesidad de comprobar que está todo bien.

Mientras tu parte niña quiere seguridad, tu parte adulta debe elegir confianza, asumiendo algunos riesgos y apoyándose en creencias «del padre» (como vimos en el análisis transaccional), que te apoyen.

3. **Atiende a los pensamientos**. El pánico, como los demás estados de ansiedad, están ligados a pensamientos, a una interpretación que se da de un determinado estímulo, ya sea una situación que consideremos arriesgada y de la que no estemos dispuestos a asumir su riesgo porque estemos obcecados en la necesidad de seguridad, o bien por una simple consciencia de posibilidad de peligro ante una determinada situación, síntoma o sensación.

La primera vez que entramos en pánico, nos coge de manera sorpresiva, perdemos el control de la situación y pasamos un rato terrible, por lo que es completamente normal que se nos quede un pequeño *shock* traumático de la experiencia.

Tal es así, que la recurrencia de estos episodios vienen generadas, mayoritariamente, por el temor a que vuelva a ocurrirnos, y es por esto que asociamos situaciones, sensaciones y síntomas a ese «recuerdo», lo cual nos lleva a asustarnos, tememos que nos vuelva a ocurrir, con lo que potenciamos el miedo y entramos en pánico una vez más.

Con el sistema de pensamiento bidireccional vamos a conseguir modificar esta interpretación, vamos a trabajar nuestra mente y modificar nuestro mapa neuronal para conseguir que, ante el mismo estímulo, nuestra respuesta sea diferente.

No se trata de racionalizar, no se trata de autoengañarnos, se trata de asumir la verdad, y elegir soltar el control de lo que no nos corresponde.

Más vale pasar por el duelo de la pérdida del ideal de que lo controlamos todo y de que la vida es como nosotros queremos que sea, que estar sometidos a una intención de protegernos a toda costa de situaciones que verdaderamente no controlamos. A esto se le llama madurar.

No podemos pretender no sentir miedo cuando somos conscientes de una posibilidad de peligro. El miedo hay que aprender a sentirlo, y dejarlo funcionar. Cuando aparece el miedo, yo puedo elegir verlo como un observador, y decidir entonces si asumir el riesgo o no, y responsabilizarme de las consecuencias.

No podemos victimizarnos si elegimos evitar, pues ese sentimiento de incapacidad no es otra cosa que una decisión que tomamos porque, realmente, no estamos dispuestos a sentir el miedo.

Cada vez que en tu mente aparezca un «no soy capaz», modifica tu respuesta a «no estoy dispuesto a», y luego pregúntate por qué, qué es lo que estás creyendo que te lleva a limitarte. Descubre cuál es tu freno y modifica tu creencia a otra que te apoye más.

¿Cuáles son las creencias, sensaciones, pensamientos o situaciones que te activan miedos? Estas son algunas de las más comunes:

- Sentir nervios.
- Tener pensamientos catastróficos.
- Tener pensamientos macabros.
- Cuestionar posibles situaciones peligrosas.
- Sentir sensaciones o percepciones ilógicas o raras.

- Sentir síntomas en el cuerpo.
- El sentimiento de soledad.
- El sentimiento de inseguridad o desconfianza.
- El agobio o angustia.
- Sentir miedo.

¿Cuáles son las tuyas?

Es muy probable que estés pensando: «Bueno, pero yo lo que siento es real, no me lo estoy inventando, tengo miedo de verdad, síntomas de verdad». ¿Dónde se queda esa teoría de que la ansiedad está vinculada con miedos irreales?.

La percepción de la realidad es subjetiva. Se dice que hay que ver para creer, cuando realmente es al contrario: creer para ver. Y esto es así porque en nuestro cerebro tenemos lo que se llama el sistema de activación reticular (S.A.R).

Yo lo comparo con un faro que va iluminando aquello de lo que tomamos consciencia, porque, como es lógico, es imposible ser consciente de toda la información que nos pasa por delante.

Sin embargo, si creemos que los hombres son infieles por naturaleza, cada vez que veamos a un hombre hablando con una mujer, nuestro farito iluminará e interpretará en función a esa creencia. De modo que nos diremos: «¿Lo ves?, los hombres son todos iguales», con lo que reafirmaremos la creencia, haciendo más potente esa conexión neuronal.

La realidad es que en la vida existen todas las posibilidades, existen hombres fieles e infieles, por supuesto. Pero la percepción de la realidad dependerá exclusivamente de tus conexiones neuronales, y gracias a la neuroplasticidad podemos cambiar estas creencias y, consecuentemente, nuestra realidad.

Todo nuestro sistema de creencias condicionará nuestra mente de manera involuntaria ante todas las situaciones de nuestra vida.

Nuestras conexiones neuronales van modificándose durante toda la vida, y es por eso por lo que aprendemos y olvidamos. Las conexiones neuronales vinculan con una respuesta que activan nuestras emociones, y la interpretamos en función de nuestras creencias.

Te pongo un ejemplo práctico. Cuando estaba con agorafobia, pensaba que no era capaz de quedarme sola en casa, porque aquello me llevaba a sentir miedo de perder el control, de que me diera una crisis y no saber cómo actuar. Como es lógico, esa creencia vinculaba con una respuesta emocional de miedo y, a su vez, con malestar y síntomas en mi cuerpo, tal como taquicardia, sudoración y agitación. Todo esto conectaba de nuevo con una creencia, y volvía a darle una interpretación negativa del tipo: «Si con solo pensarlo ya me da miedo, significa que seguro que me va a pasar», y desde ese lugar mi acción era pedir a alguien que se quedara conmigo para evitar que ocurriera.

Todo esto es fruto de una mala interpretación y de una inadecuada gestión, lo cual puede resolverse de la siguiente manera:

1. Entiende que lo único que tenemos es el presente; lo que pasó en el pasado fue en presente, y lo que ocurra en el futuro será presente. Lo que sientes como pasado o futuro no es más que una función de tu mente en modo recordar o imaginar, que por supuesto se activa en el momento presente. Si en este momento recuerdas algo que en el presente pasado te dio miedo, y adviertes una posibilidad de que vuelva a ocurrir, lo que sentirás en el presente es miedo, del mismo modo que si recuerdas una situación triste sentirás tristeza. La mente no tiene la capacidad de entender si lo que estás vi-

viendo es real o imaginario, es por eso por lo que lloramos con las películas. Si tu mente proyecta una película de miedo, sentirás miedo, y no puedes dejarte llevar perdiendo la consciencia de espectador.

El cerebro tiene la capacidad de «superar» las situaciones dolorosas de nuestra vida. No significa que cuando las recuerdes no conecten con tus miedos, tristezas o enfados, significa que has aprendido a interpretarlo, a aceptarlo de un modo diferente, con lo que la emoción vinculada baja de intensidad y se vuelve sostenible.

2. El pasado ya pasó, y las recaídas no existen cuando aprendes de ello y obtienes nuevos recursos y herramientas. La sensación de recaída viene porque ha aparecido una nueva situación que activa lo que aún no has aprendido, con lo que vuelves a hacer lo mismo una y otra vez. No podrás volver a lo de antes si haces algo distinto y aprendes la lección. Superarlo es aprender a trascenderlo.

3. Lo que ocurra en el futuro solo puedes gestionarlo cuando toque, la vida solo te da la facultad para afrontar una situación cuando te pone la situación; no pretendas encontrar recursos para afrontar situaciones que no existen porque no los tienes. Elige confiar en tus capacidades para afrontar lo que te toque, eres mucho más fuerte de lo que jamás podrías imaginar. Cuántas veces hemos creído que no seríamos capaces de superar una situación que luego ha ocurrido y hemos sacado fuerzas no sabemos de dónde. No pretendas solucionar con la mente algo que va mucho más allá de tu instinto de supervivencia.

Con esta información, y activando el sistema de pensamiento bidireccional, gestionaríamos así cualquier proceso de ansiedad.

Ansiedad anticipatoria:

Es aquella que anticipa una posibilidad de peligro.

Herramienta: Usar la fórmula mágica que vimos al principio como respuesta dentro del sistema bidireccional.

«Es cierto que puede ocurrirme esa película que veo en mi mente y me da miedo, la verdad es que aquí, en este momento, estoy haciendo (y dices lo que estás haciendo). Ya me ocuparé de eso si es que llega a pasar, porque elijo creer que tengo dentro de mí todas las herramientas y recursos para afrontar esa situación, y para ello debo estar dispuesto a sentir el miedo y asumir la posibilidad de fracaso; si esto ocurre, la vida (o Dios), junto con mis recursos, me llevarán a la información que necesito para superarlo.»

Momento del afrontamiento:

Es aquella ansiedad que se dispara como respuesta a salir de nuestra zona de confort.

Herramienta: practicar el Inner Fear como respuesta.

Paralelamente a esto es muy importante reforzar nuestro sistema de creencias acerca de la ansiedad y los miedos; de este modo, estaremos completando el trabajo: padre, adulto y niño que vimos anteriormente.

Plantéate la siguiente pregunta: «¿Qué necesitarías creerte para conseguir interpretar de manera diferente tus miedos?

Observa estos ejemplos. A continuación te muestro dos listas de creencias acerca de la ansiedad; la primera lista es de creencias limitadoras, corresponden a mi manera de entender la ansiedad, cuando estaba inmersa en ella. Tener ese tipo de creencias me llevaba a interpretar mi proceso de ansiedad de una manera que me limitaba. La segunda lista corresponde a mi sistema de creencias actual; tuve que trabajarlo mucho hasta conseguir que este se convirtiera en mi sistema de creencias.

Y esto lo hice realizando el sistema de pensamiento bidireccional. Al principio sentía que estaba como en un partido de tenis: me venía una creencia, y le respondía con otra, me autoeducaba como si estuviera haciéndolo con mis hijas; además, escribía cada día las creencias nuevas, al principio no me las creía en absoluto, pero así, practicando cientos de veces, poco a poco estas nuevas creencias se convirtieron en mi nueva realidad. Y se cumplió. Recuerda: ¡Creer para ver! ¡Bendita neuroplasticidad!

Creencias limitadoras acerca de la ansiedad

- La ansiedad es la causa por la cual tengo pensamientos negativos, miedos, síntomas y sensaciones raras.
- El miedo es una emoción mala; si la siento, no podré controlarla. No quiero sentir miedo. Superaré la ansiedad cuando no tenga miedos. Mi mente está mal por sentir miedos irracionales. El hecho de que tenga pensamientos malos voy a hacer eso que pienso
- Los pensamientos negativos, macabros y absurdos vienen a mi mente porque tengo ansiedad, y porque no soy normal. No quiero tener estos pensamientos, estoy cansada de

luchar contra ellos. Si tengo pensamientos malos, es que quiero hacer lo que pienso.

- No quiero sentir síntomas en mi cuerpo, si siento algo que no controlo es que tengo algo. No es normal sentir síntomas. Tengo que cerciorarme cada momento de que mi cuerpo marcha correctamente. Si no controlo mi cuerpo, no me daré cuenta de que hay algo que marcha mal dentro de él. Tengo que comprobar por Internet, preguntando, etc., que lo que tengo es normal, solo así me quedaré tranquila.

- Soy una persona enferma, la ansiedad es una enfermedad, igual que ha venido se irá, o lo mismo no se va nunca.

- Soy una persona desdichada por tener ansiedad, todo me pasa a mí, qué mala suerte tengo, así no se puede vivir. Vivir así es una mierda.

- No puedo vivir así, quiero que esto se me quite, estoy cansada de luchar contra esto, me agobio de estar así. No quiero pensar esas cosas feas, no quiero sentir más miedo, no quiero tener más síntomas. ¿Algún día se me quitará esto?

- Tengo que hacerle ver a las demás personas todo lo que sufro estando así, solo así me ayudarán y apoyarán. Si no, me van a dejar sola.

- No quiero estar sola, si estoy sola me puede pasar algo y me voy a sentir mal. Está mal sentirse mal, es peligroso. Cuando tenga confianza en mí entonces me quedaré sola.

- El dolor es algo malo, no quiero sentir dolor, es injusto sentir dolor. Si me quejo alguien me valorará y me ayudará a quitarlo. Seré feliz cuando no sienta dolor.

- Tengo pensamientos negativos y temo el futuro porque tengo ansiedad, no es normal pensar las cosas que pienso.

Creencias que apoyan a la superación de ansiedad

- La ansiedad es la consecuencia de una inadecuada gestión de mis pensamientos, de mi miedo o la interpretación inadecuada de un síntoma, sensación o pensamiento.

- El miedo es una emoción básica que todos sentimos, es normal que aparezca ante cualquier situación de cambio, cuando tenemos pensamientos feos, o pensamos que algo puede ser peligroso. Sentir el miedo no es peligroso, ni te lleva a perder el control. Yo siempre puedo afrontarlo y tener la lógica suficiente como para no dejarme arrastrar por él.

- Los pensamientos negativos no tienen importancia, todos tenemos pensamientos feos, macabros y absurdos. Es normal que al tener este tipo de pensamientos sienta miedo, pero lo más importante es aprender a restarle importancia y pasar de ellos.

- Mi cuerpo está vivo, consecuentemente está lleno de síntomas, si focalizo mi atención en mi cuerpo, los escucho; si focalizo mi atención en la vida, fuera de mi cuerpo, no los escucharé tanto. Es normal tener sensaciones raras y síntomas que no controlo. Tengo la suficiente lógica como para actuar con cabeza cuando siento algo en mi cuerpo. El síntoma solo requiere atención lógica si cuando estoy entretenida y pasándolo bien también persiste. Voy al médico solo cuando el síntoma persiste durante, al menos, una semana seguida, y tanto si estoy entretenida como si no lo estoy. Por regla general soy una persona sana y actúo como tal. Mirar en Internet potencia mi síntoma.

- Soy una persona sana y normal, yo soy responsable de cómo gestiono mis pensamientos y de crearme la ansiedad. Depende exclusivamente de mí superar la ansiedad.

- Pasar por un proceso de ansiedad es algo que le pasa a muchísimas personas y que se supera perfectamente si aprendemos a gestionarlo; no es una situación dramática en absoluto, porque aunque se pasa muy mal, sé que no hay cosas graves y que de mí depende la solución.

- Necesito aprender a pensar e interpretar de manera diferente mis pensamientos, sensaciones y síntomas. Lo que he hecho hasta ahora me lleva a donde estoy, y esto que hago siempre me llevará a este lugar. He de trabajarlo e implicarme. Me comprometo a cambiar para llegar a otro lugar.

- No necesito hacerle ver a nadie lo mal que lo paso, cuando consigo las cosas, me felicito y aplaudo sin decir lo que me ha costado conseguirlo. Las demás personas me valoran por el resultado y no por cómo lo consigo. Si cargo a las demás personas de drama, al principio me apoyarán pero acabarán aburriéndose de mí.

- La soledad para mí es libertad, me da la oportunidad de encontrarme con mis emociones; si las emociones son malas, estando solo puedo hacerme cargo de ellas y resolverlas. La única manera de ganar confianza en uno mismo es afrontando situaciones.

- El dolor es algo normal de la vida, todos tenemos que sentir dolor a lo largo de nuestra vida, tanto físico como emocional. La vida siempre quiere lo mejor para nosotros, el dolor indica que hay algo que marcha mal para que hagamos algo para resolverlo. Quejarse no quita el dolor, lo potencia. Es necesario sentir el dolor para crecer y para sanar lo que está mal (tanto físico, como emocional). Seré feliz cuando acepte y reste importancia al dolor.

- A todas las personas nos vienen pensamientos negativos algunas veces, pero lo importante es no quedarnos ahí, no permitir que nos dominen y dejarlos marchar con amor.

Neurociencia y emociones: recursos

Nuestro cerebro está formado por tres partes fundamentales. Por un lado, en la parte inferior, se sitúa el cerebro reptiliano, donde se encuentra el sistema límbico, donde nacen nuestras características más instintivas, como la sexualidad, el hambre, el parpadeo, la sudoración, el sueño, y también donde se encuentran las cinco emociones básicas: el miedo, la tristeza, la rabia, el deseo y la alegría.

Todo lo demás que sentimos son derivados de estas cinco emociones cuando le damos una interpretación asociada a nuestras creencias, y es lo que conocemos como sentimientos.

Todas las emociones, incluso las que a priori parecen negativas, tienen siempre una finalidad positiva: las sentimos para satisfacer alguna necesidad interna y tenemos el derecho de sentirlas todas.

La mayoría de los problemas emocionales vienen derivados de una negación de estas emociones, ya que, por condicionamientos sociales o familiares no nos hemos permitido liberarlas activamente.

El miedo. Su función principal es la de advertir del peligro; permite protegerse, huir o combatir.

Todos los seres vivos disponemos de un sistema de alarma, que se activa cuando percibimos por algún sentido alguna posibilidad de peligro, o bien cuando salimos de nuestra zona de confort o perímetro de seguridad para estar alertas ante lo desconocido.

Cuando nos exponemos a un peligro real, nuestro sistema de alarma se restablece solo cuando el peligro pasa; el problema aparece cuando el peligro proviene del pensamiento, es decir, cuando anticipamos mentalmente una posibilidad de peligro futura. Al no considerarse un peligro real actual, necesitamos utilizar la parte consciente de nuestra mente para valorar si ese aviso de peligro es realmente necesario para ese momento de nuestra vida.

Si permitimos que el pensamiento active la alarma sin tratarse de un peligro real y presente, empezamos a soltar una serie de sustancias químicas que nos ponen nerviosos, y si interpretamos estas señales de manera inadecuada, cómo vimos anteriormente, volvemos a activar una y otra vez nuestro sistema de peligro sin ser necesario. Consecuentemente, este sistema no cumple su finalidad de manera correcta y lo trastornamos.

Nuestro organismo se acostumbra a funcionar en un estado de estrés tan potente, que acabamos volviéndonos adictos a esas sustancias químicas liberadas sin necesidad y es por eso que, luego, cuando estamos relajados, lo percibimos como algo extraño y fuera de nuestra zona de confort. Así, acabamos por enfocarnos en las posibilidades de peligro de cualquier cosa, y activamos de nuevo nuestro sistema de alarma sin necesidad real.

Es paradójico, queremos estar tranquilos pero cuando estamos tranquilos nos da miedo.

El miedo se manifiesta en el cuerpo con aceleración, sudoración, gritos, necesidad de huida, escalofríos, taquicardias, dolor en el pecho o descomposición estomacal, entre otras.

Toda esta sintomatología tiene sentido cuando, ante una situación de peligro real, necesitamos salir corriendo, huir o activar nuestro sistema de lucha. Sin embargo, si esta acción no ocurre y experimentamos todo esto en reposo, el cuadro sintomatológico que experimentamos se hace cuanto menos desagradable.

La tristeza. Esta emoción nos permite decir adiós, despedirnos de algo y eliminar el estrés producido por la separación. Se manifiesta con llanto, gemidos, sensación de pesadez, cansancio.

Al contrario que el miedo, es una emoción de baja frecuencia. Además, se ha asociado —sobre todo en el género masculino—, con debilidad. Mostrarse triste no es de débiles, tampoco es una emoción negativa; muchos padres se esconden ante sus hijos cuando se sienten tristes, desde entonces aprendemos todas esas etiquetas que hacen que estigmaticemos esta emoción.

Por otro lado, la tristeza conecta a menudo con la culpa, con lo que en muchas ocasiones es utilizada como «manipulación» a través del victimismo; de este modo, pierde por completo su verdadera funcionalidad.

La rabia. Es la emoción que nos permite afrontar nuevas situaciones, también la que nos permite establecer límites y defender nuestro mundo.

Necesitamos conectar con la rabia cuando queremos superar un miedo. Si utilizamos adecuadamente esta emoción, podremos superar lo que nos propongamos; la rabia en términos positivos se traduce como motivación.

Si gestionamos mal la rabia, y nos enfadamos con las circunstancias, con el mundo y con nosotros mismos por no sentir como queremos sentir, o por no pensar como queremos pensar, acabaremos conectando con la tristeza y, nuevamente, con ese «pobrecito de mí», adoptando una vez más el rol de víctima, y distorsionando por completo su verdadera funcionalidad positiva.

El rol de víctima es muy común en personas con ansiedad; es muy fácil entrar en él porque obtenemos beneficios secundarios si damos con personas influenciables emocionalmente.

Trato de hacer hincapié en esto porque si hay algo que te aleja de superar la ansiedad, los miedos, de empoderarte, y de ser libre es precisamente entrar en ese rol.

Sentirte víctima y superar la ansiedad es incompatible. Es cierto que perderás probablemente algunos beneficios, que te llevará a encontrarte con tu soledad ante situaciones que ahora mismo aún no sabes controlar, pero hay una enorme diferencia entre ser ayudado y ser salvado, porque las personas que te ayudan potencian tu crecimiento, dejándote encontrarte con tu dificultad para que aprendas los recursos necesarios para salir de ella; sin embargo, el salvamento, te hará más dependiente y más débil, cambiarás acomodarte a una situación de dependencia por una cárcel emocional. ¡Tú decides!

Para saber si estás en el rol de víctima, observa tus pensamientos y tu diálogo interno.

Si te sientes identificado con alguna de estas frases, significa que necesitas trabajar hasta retomar tu poder y utilizar las herramientas y recursos propios en tu intención de superación y aprendizaje.

- Esto no es justo.
- Todo me pasa a mí.
- Así no se puede vivir.
- Pobrecito de mí.
- No quiero dar pena.
- Qué mala suerte tengo.

La alegría. Es la madre reina de las emociones, es la que te impulsa y da sentido a tu propósito.

Se percibe como una emoción muy placentera que nos indica que vamos por buen camino, la sentimos cuando cumplimos nuestros objetivos y cuando hacemos las cosas en consonancia a nuestras creencias que nos apoyan.

Es superimportante tener objetivos alcanzables que cumplir. La mayoría de las personas tienen ansiedad, entre otras cosas, porque conviven con un sentimiento de frustración generado por la no consecución de su objetivo. Entonces dicen que se están deprimiendo, cuando el problema es que el objetivo por el que luchan está basado en una creencia utópica, idealista o inalcanzable.

El mejor recurso que conozco para activar la alegría es conectar con el agradecimiento; ser agradecido y dar las gracias es el mantra más sencillo y poderoso que existe para elevar tu frecuencia vibratoria hacia el «buenrollismo».

Da gracias. Desde hace mucho tiempo, lo primero que hago cuando me levanto es agradecer, y lo último que hago es lo mismo. No me canso de dar las gracias, me da exactamente igual lo que opine la gente, prefiero ser «la pesada de las gracias», que permitirme bajar mi vibración hacia la queja y la desidia.

Estar alegre es una decisión, y cuanto más la experimentes, más importancia le darás a tenerla presente en tu vida.

Deseo. El deseo es la emoción que sirve para que la vida avance. Nos reproducimos porque deseamos, nos compramos una camisa porque la deseamos, evolucionamos porque deseamos, y también superamos la ansiedad porque deseamos ser libres. ¿No es cierto?

Siempre que deseamos, tenemos que dar algo a cambio para conseguirlo. Si quieres una camisa tienes que pagar dinero, si quieres procrear tienes que entregar tu cuerpo a otra persona, si quieres libertad, tienes que pagar también un precio: tienes que estar dispuesto a arriesgar, a sentir los miedos y entregarte a la experiencia.

Muchas personas que quieren superar la ansiedad, quieren dejar de tener pensamientos negativos, miedos, síntomas nerviosos. Cuando la realidad es que esto no es posible.

Plantéate muy seriamente si lo que tú quieres es alcanzar la imagen mental que tienes en tu mente acerca de lo que para ti significa superar la ansiedad, o si lo que realmente quieres es ser feliz.

Debemos asumir que, a veces, la vida tiene para nosotros otros planes muy distintos a los nuestros, y que la resistencia a ello nos vuelve a conectar con el rol de víctima y pérdida de poder.

Puede ser que imagines tu felicidad de una determinada manera, que luches por conseguirla, e incluso que la consigas, y que luego te des cuenta de que de ese modo no eres feliz. También puede ocurrir que sientas que tienes mala suerte porque tienes un objetivo que no se cumple, porque la vida no quiere eso para ti, que lo vivas de una manera negativa y que, después de aceptarlo, cambies de planes dejándote llevar por lo que la vida te pone en tu camino. Puede ser que, de repente, te veas envuelto en una situación que para nada es la que un día ideaste en tu mente y, sin embargo, te sientas lleno de dicha y feliz.

Piensa cuántas veces has llorado sin saber que la vida te estaba haciendo un favor; es una enorme oportunidad para elegir confiar y entregarnos al servicio de la humanidad para ser lo mejor que podemos ser y compartirlo con el mundo.

Al fin y al cabo, todo lo que tenemos es lo que nos llevamos como experiencia y todo lo que aportamos como legado. Creemos que vivimos en un principio y un fin, pero somos solo un suspiro de un eterno «en medio». Si no perdemos de vista esta realidad, podemos tomarnos la vida con otra filosofía, disfrutar más del presente, no darle un exceso de importancia a las cosas y conectar con la alegría de vivir, por el simple hecho de que estamos vivos. Nada es tan importante si asumimos con humildad el milagro de la existencia.

Relativiza tu ansiedad, sin hacer menosprecio de ella, reconcíliate con tus pensamientos negativos, tus paranoias y tu mente Ferrari, aprende a conocerte y no te dejes arrastrar por aquello que te separa de lo que realmente eres.

Los trastornos asociados a las emociones vienen generados por una inadecuada gestión de ellas, ya sea por resistencia a las mismas, por no quererlas, por no saber sentirlas, o por los condicionamientos educativos que nos han enseñado acerca de las mismas.

Una distorsión del miedo crea crisis de pánico, fobias; de la rabia, los maltratos y la agresividad; de la tristeza, depresión; del deseo, la cleptomanía, las bulimias, la ludopatía, entre otras; de la alegría, los brotes maníacos. Como ves, hasta las emociones que hemos aprendido como positivas pueden tener consecuencias emocionales graves si no sabemos usarlas en nuestro beneficio, si nos dejamos arrastrar por ellas sin autocontrol.

Es una cuestión de actitud y aprendizaje, pues no es lo mismo agobiarse, que estar agobiado porque estoy agobiado, o tener miedo, o tener miedo porque tengo miedo. Elevamos hasta el infinito el modo en que vivimos nuestras emociones a través de nuestros pensamientos, juicios y creencias. Esto es lo que verdaderamente marca la diferencia, define nuestra actitud o deriva en tener trastornos emocionales.

La parte superior del cerebro es la que llamamos mente racional, y es la que nos distingue del resto de los animales. Está formada por dos hemisferios: el derecho y el izquierdo.

El derecho, al que llamamos parte niña o niño interior, es la parte donde se sitúan nuestros sentimientos, vincula directamente con el sistema límbico y es el que se desarrolla en nuestra niñez. Es por ello que los niños son como son, sus capacidades son racionales pero relativamente ilógicas; son sentimentales, dependientes de otros adultos que pueden pensar con una visión lógica; los niños solos no tienen las capacidades necesarias para afrontar el mundo que les rodea, son egocéntricos, no entienden de tiempo ni de espacio, razonan con un sentido del yo, donde todo lo que ocurre a su alrededor tiene que ver con ellos.

La parte izquierda del cerebro se va desarrollando paulatinamente con nuestra educación y experiencia. A medida que vamos creciendo vamos adquiriendo nuevas capacidades lógicas, organizativas, secuenciales y temporales, las cuales hacen que podamos afrontar al mundo de manera adecuada.

Cuando adquirimos estas nuevas capacidades adultas, no perdemos nuestras capacidades niñas, es por eso que siempre seremos el mismo niño que fuimos, sentiremos igual pero podremos sostenerlo e interpretarlo de otra manera.

En la adolescencia es el momento en que el niño se rebela, para poder utilizar sus nuevas capacidades para sostenerse a sí mismo. En la adolescencia dejamos de necesitar a otros adultos para depender de nuestra propia capacidad adulta.

Este proceso de «autoparirse» emocionalmente debe producirse para cortar el cordón umbilical imaginario que nos une a los demás adultos, y si esto no ocurre, aparece la ansiedad por separación y entraremos en pánico cuando estemos con nosotros mismos. Este es uno de los principales motivos por los que se desarrolla una agorafobia.

Necesitamos aprender a fomentar nuestra parte lógica para con nosotros mismos, estableciendo límites y sosteniendo nuestras emociones como si lo hiciéramos con otros niños.

Coherencia significa pensar, sentir y hacer de manera alineada. No es raro encontrar personas que piensan de una manera y acaban por actuar de manera opuesta porque aún responden a las creencias que aprendieron de sus padres.

Niños criados por padres muy controladores, o muy miedosos que sobreprotegen, dan lugar a adultos que no saben sostener sus propios miedos y desarrollan agorafobia o dependencias emocionales patológicas.

Es completamente normal tener actitudes sentimentales, dramáticas, egocéntricas, de miedos irracionales, manipuladoras, hacerse la víctima, etc., cuando somos niños. Los niños son niños y actúan lo mejor que pueden con sus limitadas capacidades y entendimiento; lo que no podemos consentir es sentirnos arrastrados por sentimentalismos ilógicos, miedos irracionales, caprichos insensatos cuando somos adultos, esto es señal de inmadurez, pero a su vez nos ofrece una enorme oportunidad de aprendizaje y desarrollo personal a todos los niveles.

Todos podemos, todos estamos preparados, todos tenemos las capacidades necesarias. Es común que seamos unos fieras a la hora de dar consejos y usemos la lógica para con los demás de manera perfecta y, sin embargo, cuando somos nosotros quienes sentimos la emoción nos enredemos en ella, y eso solo puede significar que podemos aprender a sentir, interpretar y gestionar de un mejor modo.

El ejercicio está en aprender a establecernos límites, a restar importancia al dramatismo, a saber decir «no» cuando no nos conviene, a hacer caso omiso a cualquier pensamiento que nos aleje de nuestra verdadera esencia.

Enfócate en lo positivo, en lo que te gusta, en tus propósitos, en lo que te apoya, y trasciende y aprende todo lo que necesitas para conseguir sentir dicha. Para ello, tendrás que decidir entre la seguridad o la confianza. Aunque a priori parezcan palabras parecidas, debes profundizar en ellas para darte cuenta de que, realmente, son completamente opuestas.

Seguridad vs. confianza

La seguridad lleva implícitos el control, la neurosis y la evitación. La confianza lleva inevitablemente implícita cierta sensación de miedo, incertidumbre y el verdadero sentimiento de libertad.

Seguimos con las claves para superar y aprender de la ansiedad, por eso ahora voy a hablarte de las herramientas con las que contamos para modificar nuestras creencias. A partir de ahí, podemos hacer nuevas interpretaciones de nuestras emociones, pensamientos e incluso síntomas.

Las creencias son la base de todo lo que somos, aunque no hay que negar el componente genético, y si nos vamos más allá aún quizá podamos encontrar historias ármicas o de otras vidas. Quién sabe, todo es posible y no podemos pasar por alto ninguna de las posibilidades.

Nuestro temperamento viene condicionado por nuestros genes, y va a influir de manera directa en la manera de construir nuestras creencias, en cómo interpretamos nuestro mundo y nuestras experiencias. Por eso, un niño puede tener la misma experiencia que su hermano y afectarle de manera completamente distinta; o puedes estar viendo una película con un amigo y una escena hacerle reír y a ti no hacerte ni una pizca de gracia.

Es por eso por lo que a mí me fascina contar con un maletín virtual lleno de herramientas y recursos, algunos aprendidos, otros modificados, y otros de mi propia creación, para ir usando en función a mis necesidades.

Anteriormente ya vimos algunas de esas herramientas: asociadas al lenguaje verbal, pequeños sistemas o truquitos para manejar las crisis de pánico y la ansiedad anticipatoria, así como para potenciar la relación con nosotros mismos.

Hemos visto entre ellas el proceso Inner Fear, la fórmula mágica para los «¿Y si…?», y el sistema de pensamiento bidireccional.

Ahora vamos a adentrarnos en otras herramientas que usaremos principalmente para modificar nuestras creencias y gestionar nuestras emociones.

Recuerda que, según pensamos, sentimos; y según sentimos, actuamos. Y de ahí generamos una experiencia con un resultado y una energía que atraerá a nuevos pensamientos, emociones y acciones.

La zona de confort

Salir de la zona de confort siempre activa el miedo. Nuestro sistema de supervivencia funciona de manera adecuada cuando envía señales a nuestro cerebro de que estamos saliendo de nuestra zona de seguridad.

Nuestro sistema nervioso sabe restablecerse solo cuando pasamos a la zona de incertidumbre y no nos encontramos con ningún verdadero peligro.

El problema aparece cuando pretendemos añadir mente a todo esto, cuando no queremos sentir miedo dentro de la zona de incertidumbre y la evitación va restringiendo nuestro perímetro de supuesta seguridad, convirtiéndonos en personas limitadas. A esto yo lo llamo zona de desconfort. Realmente no temes la situación nueva, temes el sentir el miedo de la incertidumbre, la toma de consciencia de la no seguridad, y justo ahí, en la entrega a lo desconocido, conectando con tu energía, poder y coraje para avanzar poniendo fe en que lo que tenga que venir será para bien y para tu aprendizaje, es donde podrás experimentar uno de los mayores placeres del mundo: el sentimiento de libertad.

El placer de la libertad solo es disfrutado por aquellos que se entregan al miedo de la incertidumbre.

Las afirmaciones positivas

Las afirmaciones son la principal herramienta con la que contamos para cambiar creencias. Yo, como practicante de la filosofía de vida fitness, la comparo muchas veces con esas «pesas mentales» que usamos para fortalecer nuestra mente.

La primera vez que conocí las afirmaciones fue leyendo a Louise L. Hay. Sus libros de autoayuda marcaron un antes y un después en mi vida, y sin duda es una de mis grandes mentoras y maestras. Su filosofía, sus libros, sus talleres y seminarios me han llevado a una profunda transformación personal a muchos niveles.

En mi persona hay una enorme influencia Hay, la amo, y siempre estoy agradecida a Dios por todo lo que he podido aprender de ella; por eso en todo lo que hago y creo hay mucho de su influencia.

Las afirmaciones son, básicamente, pensamientos positivos que, si nos los repetimos continuamente, nos sirven para crear nuevas creencias positivas sobre cualquier ámbito de nuestra vida, o de nosotros mismos.

Nuestra mente es como una «señora charlatana»; tiene para ti información a diestro y siniestro. También dependerá de ese nivel de consciencia al que tanto hacemos referencia, que seas más o menos consciente de tus pensamientos.

La primera función de esa señora charlatana es ayudarte a sobrevivir, y es por eso que cada vez que advierta una posibilidad de peligro, te avisará, con una alerta, de las posibilidades de que pueda ocurrirte. Esta alerta puede ser a modo de pensamiento, miedo o sensación.

No te equivoques, tu mente no es mala, solo te envía información para ayudarte. Depende de ti, como unidad consciente y lógica, lo que hagas con esa información.

Puedes vivir sometiéndote a ella como un actor, o bien puedes desidentificarte y convertirte en el espectador, lo que no significa que no vayas a sentir sus emociones asociadas, del mismo modo que las vayas a sentir como cuando vas al cine.

A otro nivel, puedes crear pensamientos conscientes y mantener diálogos con tu charlatana. Si le hablas de cosas positivas, ella se irá volviendo más positiva, aunque nunca olvides que su principal función siempre será la de avisarte de los posibles peligros.

¿Cómo funcionan las afirmaciones?

Los pensamientos positivos inciden directamente en nuestro estado de ánimo, y cuanto mejor ánimo tengas, más buen rollo y más optimismo sentirás, podrás afrontar cualquier situación de tu vida por difícil que sea.

Hay estudios científicos que demuestran que las personas optimistas tienen mayor facilidad para afrontar las dificultades de la vida, son más resilientes, gozan de más años de vida y de mejor salud. Muy al contrario de las muchas personas que se ponen en lo peor para no hacerse ilusiones o no llevarse el chasco.

Una desilusión va a ser mejor tolerada por una persona optimista que encuentra el lado positivo hasta en las peores situaciones que por una negativa, que se pone en lo peor para evitar el sufrimiento.

Las afirmaciones positivas, gracias a la neuroplasticidad, modifican tus creencias limitantes, te hacen creer para ver, ayudándote a poner foco en las soluciones en vez de en los problemas.

Es la mejor herramienta que conozco para modificar creencias, para entrenar tu mente, y, por consiguiente, la percepción de tu realidad.

¿Cómo puedo trabajar con afirmaciones?

Lo primero que tienes que hacer es escribir en un papel todos tus miedos y aquellos pensamientos negativos que te limitan, tanto de tu vida como de tu entorno; haz una lista de cuantas te surjan, da igual si son dos o si son cien. Hay personas que pueden tener un solo pensamiento negativo, pero lo tienen rumiando a todas horas.

Una vez hecha la lista, ahora, uno por uno, hay que empezar a transformarlos en afirmaciones positivas.

Para realizarlas tienen que cumplir unas reglas.

- Escritas en tiempo presente.
- Escritas en primera persona.
- Escritas en afirmativo.
- Tienen que hacer referencia a lo que se desea obtener.
- Tienen que ser realistas.
- Que el resultado dependa de ti.

Te lo explico con ejemplos:

- Tengo miedo a la muerte: Asumo la muerte, me siento bien cuando hablo de ella.

- Voy a suspender el examen: Elijo confiar en que voy a aprobar el examen.
- Me va a dar un ataque de ansiedad: Estoy tranquila y serena.
- No tengo fuerza de voluntad: Tengo cada día más fuerza de voluntad para conseguir lo que me propongo.

Es muy importante hacer las afirmaciones siempre en positivo, en tiempo presente y sin utilizar la palabra *no*. La mente no entiende el concepto de *no*, lo que significa que cada vez que uno dice *no*, la mente lo ignora y se vuelve a quedar con el mensaje original.

O sea, que si dices: «Tengo miedo a la muerte», y tú afirmas: «No tengo miedo a la muerte», la mente no entenderá el concepto *no* y recibirá la misma información que en «Tengo miedo a la muerte».

Hay que sustituir el *no* por un mensaje positivo que refuerce el sentimiento de lo que queremos decir; en el caso anterior, por ejemplo, sería: «Me siento segura y valiente».

La palabra *no*, sirve para establecer límites.

Hay personas que dicen que no les funcionan las afirmaciones porque no se las creen, lo cual es completamente normal al principio. Si las creyeras no necesitarías trabajarlas; sin embargo, es muy importante no dejarse llevar por utopías. Las afirmaciones deben ir ligadas a situaciones que sintamos como alcanzables.

Para ello, elaboraremos las afirmaciones de manera que sean creíbles, o al menos posibles, para nosotros.

Es brutal cómo, a base de trabajarlas, va cambiando tu relación con la creencia que estás trabajando. Irás proyectando tu sistema SAR hacia la nueva creencia y la vida te demostrará que es cierto, cambiará el paradigma de tu realidad como por arte de magia. Te reto a que lo pruebes por ti mismo.

Ejemplo:

Si tenemos el pensamiento negativo «Soy una gorda que no vale para nada» y nos decimos: «Soy una mujer delgada y valgo para ser una supermodelo», muy posiblemente no hará falta ni que te mires al espejo para no creértelo. Esa afirmación, por más que te la repitas, no va a darte ningún resultado. Sin embargo, si te dices: «Estoy en proceso de ser una mujer delgada y sentirme valorada, es lo que más deseo, y estoy en el camino para conseguirlo», ¿a que te resulta mucho más creíble?

Se ha creado mucho misterio con las afirmaciones y la ley de la atracción, y, a cierto nivel, demostraciones científicas aclaran que las energías que están sincronizadas se unen; sin embargo, no es magia sino neurociencia lo que demuestra que, si cambiamos el pensamiento y el foco de atención, una nueva dimensión, una nueva realidad se abre ante nuestros ojos.

HOJA DE TRABAJO PERSONAL	
Pensamiento negativo	*Afirmación con original Nueva pauta mental*
_____	_____
_____	_____
_____	_____
_____	_____
_____	_____
_____	_____

- Para trabajarlas hay que repetirlas, escribirlas, cantarlas, buscar la emoción, visualizarlas frente al espejo.
- Has de adoptar una actitud de apertura ante los cambios que se desean. Si pides un cambio de vida pero luego no estás dispuesta a afrontar las consecuencias derivadas de ese cambio, no se manifestará tu petición.
- Tomar nuevas acciones de acuerdo con las nuevas creencias. Si estás trabajando con la creencia de que te ves más delgada y no haces nada, no tomas acciones que la acompañen, no funcionará.
- Hacer caso omiso a las resistencias, yo las llamo las agujetas mentales. Estas aparecen a modo de perezas, miedos, pensamientos del tipo «no va a servir de nada», no creerse las afirmaciones o experimentar sensaciones negativas al practicarlas. Si te apuntas al gimnasio y por tener agujetas dejas de ir, siempre volverás al mismo punto; sin embargo, si vas con agujetas y sigues entrenando, un día desaparecerán y evolucionarás hacia tu objetivo.
- Trabaja con constancia y paciencia, no te obsesiones con los resultados, enamórate del camino. Si plantas una semilla ya sabes que tienes que esperar un proceso, has de regarla cada día, ponerla a la luz; si te obsesionas con que florezca y la riegas a todas horas, intercedes en su proceso natural, la ahogas; si la abandonas porque te aburres de esperar, nunca florecerá.
- Haz tu trabajo con amor e intención y suelta el control, confía.

LA AFIRMACIÓN NOS MUEVE A SENTIR Y A ACTUAR DE MANERA DISTINTA A COMO LO HACíA LA CREENCIA O PENSAMIENTO LIMITADOR.

Ejemplo de afirmaciones que pueden ayudarte en tu proceso de ansiedad:

- Me siento tranquilo y relajado.
- Confío en el proceso de la vida.
- Confío en mis capacidades para afrontar cualquier situación de mi vida.
- Me libero de la necesidad de sentir miedo.
- La vida me sostiene y cuida de mí.
- Me siento seguro y a salvo.
- Yo puedo.
- Me ocupo únicamente de mí, aquí y ahora.
- Mi mente está equilibrada y sana.
- Cada día soy más positiva.
- Siento paz interior y serenidad.
- Me ocupo de mis necesidades internas, la vida me sostiene.
- Me siento segura y disfruto en mi propia compañía.
- Me siento creando un futuro positivo.
- Soy feliz ahora.
- Tengo un espíritu optimista.
- Yo puedo conseguir todo lo que me proponga.
- Tengo multitud de recursos para cuidar de mí misma.
- Confío en mi capacidad de superación.
- Elijo tomar el poder de mi vida.
- Mi cuerpo funciona perfectamente.
- Me entrego a la vida, elijo confiar.
- Acepto la plenitud de mi vida.
- Me apoyo a mí misma con pensamientos saludables.
- Soy amable y paciente conmigo misma y con los demás.
- Me amo, me acepto y me apruebo tal y como soy en este momento.

Te explico cómo gestionar un proceso completo de ansiedad:

1. Hacer uso del pensamiento bidireccional, atendiendo a la mente involuntaria (a tu charlatana o parte niña, como quieras llamarla), respondiendo desde tu adulto, hablándote en segunda persona.
2. Cuando estás posicionado en tu adulto, trabaja con las afirmaciones para modificar creencias (ya en primera persona).

Ejemplo:

Tengo el pensamiento: «Me da miedo que me salga mal mi nuevo proyecto», es mi parte niña, mi charlatana. «Será lo que Dios quiera»; tomo una decisión y elijo confiar en que, pase lo que pase, será para mi aprendizaje. «Haré todo lo que esté en mi mano para hacerlo todo de manera excelente (me contesto desde mi adulta).»

A medida que vayas practicando de manera consciente y voluntaria esta nueva manera de pensar, llegará un momento en que tendrá lugar de manera completamente mecánica y se convertirá en tu nueva pauta inconsciente en la mayoría de las ocasiones.

Afirmaciones para trabajar en el ejemplo:

- Confío en Dios y en la vida.
- La vida cuida de mí.
- Pase lo que pase será para mi mayor bien.
- Tengo dentro de mí todo lo que necesito para aprender lo necesario y que sea un éxito mi trabajo.

Una reflexión

Tú, más que ninguna otra persona; tú, que estando completamente sano has acabado en el hospital creyendo que te morías; tú, que has sido capaz de provocarte una taquicardia, una sensación de irrealidad, un entumecimiento de manos. Quiero que seas consciente de la mente tan poderosa que tienes; estoy completamente convencida de que las personas que sufrimos de pánico y ansiedad tenemos una capacidad y una fuerza mental mucho más poderosa que la de las personas que no lo han padecido. Todas esas horas y horas que hemos dedicado a machacarnos el cerebro y que creemos que han sido en balde, realmente no han sido inútiles. Al fin y al cabo hemos ejercitado nuestra mente, hemos desarrollado capacidad de esfuerzo y tolerancia al dolor y al sufrimiento; lo único es que lo hemos hecho de un modo completamente improductivo, y nos hemos confundido de enfoque.

Toma consciencia de cómo es el poder de nuestra mente, cómo podemos modificar toda la bioquímica cerebral hasta el punto de crearnos una sintomatología realmente desagradable. Imagina cómo puede ser si, por el contrario, lo hacemos de manera positiva.

El diálogo interno

Creo que después de todo lo que estás pasando, te mereces ser verdaderamente cariñoso y comprensivo contigo mismo. Sufrir de ansiedad y ataques de pánico te conduce a tener sentimientos depresivos y de baja autoestima.

Sin embargo, hay que saber discernir entre autocompasión y autovictimismo.

Si te identificas con tu parte niña, lo vives como si fueras el actor de tu drama; te sentirás como una víctima de tu propia circunstancia y no evolucionarás. Sin embargo, puedes aprender a observarte desde una perspectiva mucho más elevada, desde tu consciencia adulta, como si fueras un observador de tu propia película. Sería algo así como: «Mira, pobre, lo mal que lo está pasando con esta situación», de este modo, podrás sentir compasión y sentir la emoción desde una perspectiva mucho más lógica.

Nuestro diálogo mental es esa cantinela que anda por nuestra mente, de manera automática. Son todos esos pensamientos involuntarios y voluntarios que integran nuestra comunicación verbal, ya sea con uno mismo o con los demás.

Aquí entran en juego algunos conceptos muy básicos de PNL, donde, a través de algunas modificaciones en el lenguaje, podemos cambiar nuestra manera de sentir y, consecuentemente, de actuar en relación a cualquier situación, emoción o incluso síntoma.

Para empezar, volvamos a retomar lo que te conté cuando hablábamos de las afirmaciones. Pon especial atención al uso y la frecuencia en la que usas la palabra *no*, siempre y cuando sea para algo distinto a establecer con firmeza un límite

Cada vez que dices «No quiero esto», «No puedo esto», «Sé esto», estás paralizándote y enfocándote en algo que no te ayuda a avanzar. Pones tu foco y energía hacia aquello que justamente tratas de evitar.

Podrías cambiar tu diálogo diciendo lo mismo, pero con un enfoque positivo, aquí te lo muestro con algunos ejemplos:

- No quiero ser una persona gorda / Podría ser una persona más delgada.
- No quiero tener más ataques de ansiedad / Puedo aprender a encontrar mi equilibrio mental y estar tranquilo.
- No quiero estar sin un duro / Puedo hacer por tener dinero.

Si te fijas, cada uno de estos registros positivos te enfoca en la acción, te abre un nuevo mundo de posibilidades y te conecta con una actitud de apertura.

Existen otras palabras que te propongo que cambies, como por ejemplo «debería». Cierra los ojos y siente el peso que conlleva someterte a todo aquello que no haces pero que crees que debes hacer. Podrás darte cuenta enseguida de cómo baja tu energía, cómo te sitúa en una posición de desidia, baja autoestima y pérdida de poder.

Sin embargo, si la sustituyes por un «podría» verás que la cosa cambia bastante, te abre a una posibilidad de cambio, te conecta con una energía de responsabilidad y acción.

Cambia también los «tengo que» por «elijo o decido»: la palabra «problema» por «reto»; «no soy capaz» por «no estoy dispuesto». Incluye en tu diccionario palabras que empoderen tu alma: esfuerzo, disciplina, excelencia, amor, entendimiento, perdón, gracias. Notarás cómo cambia tu vida.

Algo muy común es también culpabilizarse, de algún modo es la otra cara de la moneda del rol de víctima. Así, vuelves a posicionarte en un lugar donde pierdes tu poder; la culpa solo servirá si pones tu intención en aprender de ella y transmutarla en responsabilidad. Somos responsables de nuestros actos y es positivo ser consecuentes con nuestras equivocaciones, sin embargo, no sirve de nada si te quedas instalado allí y no haces nada por aprender y mejorar.

Beneficios secundarios

A veces, detrás de estos procesos de ansiedad, como es el pánico o la agorafobia, se esconden beneficios secundarios que de manera inconsciente están limitando nuestro desarrollo.

Con esto no quiero decirte, ni mucho menos, que piense que tú no quieres superar tu ansiedad, estoy segura de que desearías con toda tu alma no pasarlo así de mal. Sin embargo, detrás de estos procesos, nos encontramos con temas más profundos que vemos «solucionados» a través de «acomodarnos» en un trastorno de esta índole.

No son pocas veces las que en mi consulta me encuentro con personas con muchas ganas de cambiar, pero que cuando se ven cerca de conseguirlo vuelven hacia atrás, tienen «recaídas».

En estos casos, siempre sospecho, y pocas veces me equivoco, que hay algo más profundo detrás. Entonces propongo indagar cuáles son esas creencias, cuáles son esos beneficios secundarios que se están obteniendo, y esto requiere hacer un trabajo sobre la disposición a cambiar.

Ante esto existen dos caminos: el de la seguridad y el de la confianza. Ya hemos visto que aunque parezcan dos palabras parecidas, la realidad es que son antagónicas.

El camino de la seguridad trae consigo control, y por consiguiente neurosis o evitación.

Sin embargo, elegir la confianza significa encontrarse de lleno con la incertidumbre, y de veras que hay que estar muy predispuesto a elegir el camino de la verdad, porque implica aceptar con humildad que no podemos controlarlo todo, que estamos en manos de lo que la vida quiera para nosotros, y que, pase lo que pase, será para nuestra evolución y aprendizaje. Porque es así, no pretendas solucionar con la mente lo que no procede de la mente. Estás ante una enorme oportunidad de encontrarte con el verdadero misterio de la vida, para acercarte a Dios, al destino, o a lo que decidas creer, partiendo de la base de que hasta el hecho de no creer ya es creer en algo que no conoces y que eliges no creer; consecuentemente ya estás reconociendo en la propia negación que de verdad existe algo que no conoces.

No existe una sanación auténtica y definitiva de un proceso de ansiedad sin pasar por este tránsito, y es por eso por lo que la psicología no termina de dar solución a este tema, y la psiquiatría, menos aún. Porque, lo siento mucho, pero vivir con drogas para mí no es sinónimo de superarlo. Usar mediación como ayuda puede ser una decisión de mucha utilidad en momentos concretos, pero la trascendencia y el aprendizaje que hay detrás de todo esto no va por ahí.

Stop a la queja

La queja es el alimento del negativismo, de los miedos y de la ansiedad. Cada vez que te quejas, te victimizas, desvaloras lo bueno que se te ha dado, y entras en una frecuencia vibratoria donde todo lo que atraes es angustia. Quejarse no vale para nada productivo, y nadie valora tu esfuerzo a través de la queja, aunque sea lo que pretendas. Lo único que consigues es agotar a las personas que te quieren y luego agotarte a ti.

Renuncia a la necesidad de valoración.

Olvídate de los «pero». Resulta muy cansado escuchar: «Sí, lo conseguí, pero me ha costado mucho». Qué manera de destrozar la energía poderosa de lo que has logrado al buscar un reconocimiento que, te aseguro, no llega a los demás.

Si de veras necesitas que se reconozca tu esfuerzo, puedes hacerlo en otro momento o de otro modo, afirma: «Estoy orgulloso de mi capacidad de esfuerzo», pero no contamines de energía negativa tu bienestar.

Te propongo un reto: permanece veintiún días sin quejarte, y observa cómo cambia tu vida para siempre. Tu nivel de ansiedad se reducirá como mínimo en un 30%. Haz la prueba y, si no funciona, escríbeme y me lo cuentas.

Las quejas son veneno para el alma, siente el poder del merecimiento.

Las visualizaciones

Existen muchas herramientas que usamos para transformar la ansiedad y los miedos en amor y confianza.

Hemos visto las afirmaciones, la modificación de palabras a través de la PNL. Ahora vamos a ver las visualizaciones.

Se habla mucho de la hipnosis como si fuera una técnica peligrosa, invasiva. A todos nos viene a la mente aquel hombre haciendo el perrito en público; pero no cualquier técnica que trabaje a nivel inconsciente es realmente hipnosis, y para que esta funcione debemos ser personas sugestionables.

Las técnicas de hipnosis siempre funcionan con personas con estos problemas porque, precisamente, cualquier trastorno asociado al miedo es pura sugestión. Si por sugestión acabas con una crisis de ansiedad, creyendo que te mueres, no puedes negar que eres tremendamente sugestionable. Ahora hay que aprovechar ese don que se esconde detrás de esa facilidad para conseguir sugestionarte hacia algo mucho más productivo.

Las visualizaciones son técnicas de hipnosis que funcionan fenomenal. En Youtube puedes encontrar cientos de canales con visualizaciones de todo tipo para cualquier cosa que quieras trabajar; es muy sencillo, porque lo único que se hace es relajar a la persona a través de la imaginación, y desde ese estado de paz, mandamos los mensajes que queremos que recoja el subconsciente.

Nuestro cerebro emite energía, y cuando conseguimos sincronizar la energía que emitimos con la que necesitamos para instalar nuevos mensajes en nuestra consciencia, los cambios se hacen de manera mucho más rápida y eficaz que cuando lo hacemos en un nivel de consciencia más superficial.

Por eso yo siempre recomiendo grabar en un audio con música de fondo las afirmaciones, y aprovechar los momentos en los que se sale a caminar, o antes de acostarse o durante una meditación para escucharlo, e ir depositando semillas profundas de aquello específico que deseamos trabajar.

Una visualización que suelo usar para soltar el control es imaginarme que, encima de mi cabeza, hay colocado un globo de helio. Siempre que se da una situación que quiero controlar, o que me obsesiona, hago una visualización donde primero me relajo, respiro profundamente y siento cómo el aire entra dentro de mí. Con cada inspiración introduzco paz, y con cada expiración suelto cualquier incomodidad que tenga en el cuerpo. Voy tomando consciencia haciendo un recorrido por todas las partes de mi cuerpo, relajándolo, y cuando consigo estar en una sensación liviana y de relativa paz, entonces visualizo cómo una luz blanca o dorada ilumina esa «película» mental que me genera ansiedad. Una vez iluminada, la coloco virtualmente dentro de ese globo y corto la cuerda con mi mano, dejándolo marchar con amor. Entonces pido, pido ayuda a la vida, a Dios, a los ángeles, a un familiar fallecido, pido luz para esa situación con la confianza de que, pase lo que pase, estoy protegida y será para mi mayor bien.

Todas estas técnicas son conocidas también como meditación o mindfulness. Incluyen todo aquello que te ayude a poner consciencia y presencia en el momento presente, ya sea a través de una visualización o, un mantra, o mediante la observación de la naturaleza. A mí, conectar con la naturaleza me genera de manera instantánea la entrada en un acto meditativo; soy especialmente sensitiva y me atrevo a decirte que tú también lo eres. Uno de los principales dones que se esconden tras nuestra ansiedad es esta potente capacidad de sentir, esta sensibilidad abrumadora y este nivel de consciencia a un nivel muy elevado. Aprovecha todo esto y descúbrete en la naturaleza, en la magnificencia de lo que no ha creado el hombre, para encontrarte con la verdad, y que no te quede más remedio que entregarte a ella.

Es abrumador, y me consta que al principio sentirás miedo, pero una transmutación de confianza en un entorno natural sin duda será una experiencia de esas que podrás anclar para siempre en tu lista de «sí quiero más de esto en mi vida».

Anclar y reafirmar los logros

Tan importante es afirmar, como ir anclando todo aquello que vamos consiguiendo.

Nuestra mente funciona por asociación, es por eso que hay olores que nos recuerdan a sitios, o canciones que nos recuerdan a personas. Podría ponerte muchos ejemplos de esto.

Pero sin duda, también tenemos una memoria de dolor que, a nivel inconsciente, encadena situaciones presentes con malas experiencias pretéritas de manera completamente inconsciente.

Por eso es muy importante hacer el trabajo de ir anclando cada cambio positivo, de tomar mucha consciencia de aquello en lo que vamos evolucionando, de aquello que sí nos funciona, de decirnos «Sí, por aquí, sí». Y sobre todo AGRADECER, cuanto somos, sentimos o estamos en paz, gozo y alegría.

El universo recibe también esa vibración, reconocerá tu valor y entenderá que eso es lo que quieres.

Celebra y pide ayuda

La alegría es la compensación que recibe tu alma cuando emite la vibración de que estás cumpliendo tus objetivos y se está materializando el plan divino que vienes a acometer.

Sin duda has venido para ser feliz, y todo lo que te aleja de ese ser esencial es aprendizaje que debes hacer para volver a lo que ya eres.

Eres un ser de luz, y donde hay amor, resurge la confianza y se disipa el temor.

Así que celebra, tienes motivos para ello, cuando las cosas salen como esperabas. Esto, además, te dará el poder para sentirte merecedor de pedir protección y ayuda cada vez que las necesites. Es otra manera de soltar el control y poner tus miedos en una consciencia más elevada.

Cuando no salgan las cosas como tú querías, no te frustres, no seas esclavo de tus expectativas. Cocreamos con nuestras actitudes y acciones, pero jamás olvides que todo lo que te ocurre es perfecto para tu evolución y aprendizaje.

Cuando te sientas perdido, pide protección, deja de sentirte solo, para convertirte en parte de un todo, donde no existe separación y todas las almas viajan unidas en el único fin de evolucionar y volver al amor de donde jamás nos fuimos. La vida es solo un sueño, con consciencia de realidad. Entrégate con fe al regalo del no entendimiento, y experimentarás cómo el temor desaparece para llenarte de dicha.

Agradecer

«Gracias» puede convertirse en el mejor mantra, en el mejor anclaje que te conecte con lo que realmente eres.

Solo puedes ser tú quien decide en qué vibración proyectar en tu vida, y todo lo que eres te vendrá multiplicado.

Detrás de cada miedo existe una oportunidad de valoración, un temor a perder algo que estás inconscientemente valorando.

Dale la vuelta a la tortilla, transmuta del miedo al amor diciendo gracias: es una palabra profundamente sanadora.

Lo que es normal
y lo que no es normal

Esta es la pregunta del millón de las personas que tienen miedos y ansiedad. ¿Es normal este síntoma? ¿Es normal pensar esto? ¿Es normal sentir así?

Te voy a ser sincera: todo lo que no sea estar bien con uno mismo no es normal. La vida quiere que seas feliz, pero lo que sí es normal es que todos somos humanos, que cada uno tenemos nuestros procesos, nuestras diferentes situaciones, sensaciones, emociones, pensamientos y síntomas.

Olvídate de una vez de querer ser normal y date de una vez permiso para ser tú mismo. El único indicativo de lo que es normal o no para ti (que no tiene que ser igual para mí) es cómo te sientes.

Aprende a estar más en tu corazón que en tu cabeza, deja de ser de ese club que siente con la cabeza y piensa con el corazón. Cada cosa tiene su propósito, así que te animo a que te unas al club de la coherencia, al que pertenecemos esas personas que pensamos, sentimos y hacemos en propósito del bien y la verdad. Aunque eso signifique no estar seguro de casi nada a cambio de tener fe y confianza en lo que venga.

Hace años era muy hipocondríaca, hasta que un día tomé la decisión de que prefería morirme un día creyendo que estaba sana, a vivir toda mi vida creyendo que estaba enferma.

Detrás de esta decisión vino todo un trabajo de soltar, de confiar, y de asumir la verdad. De entender que estamos en manos de Dios, y que lo que tenga que ser, será, confiando en mi capacidad para afrontar lo que la vida me ponga en mi camino, porque pase lo que pase, será para mi aprendizaje.

Me siento completamente entregada en manos de Dios, o el destino, con la gratitud infinita de que puedo cocrear, y decidir qué hacer con lo que se me presta. Por eso creo firmemente en el poder de la actitud, en la comprensión y el reconocimiento de que somos humanos e imperfectos, y en el compromiso de poder ofrecer al mundo lo mejor que sea capaz de ser en cada momento, centrándome en los principales valores que para mí son importantes: el amor, la valentía, la salud, y la verdad.

El mindfulness o atención plena

¿Vives en tu mundo o vives el mundo?

No te sonará extraño vivir situaciones de una manera ausente, estar enredado en tus pensamientos, rallarse, vivir una vida donde te pierdes lo único que realmente tienes, que es el presente.

Vivir el aquí y ahora se puede practicar con ejercicios de presencia plena, a través de las visualizaciones como hemos visto antes, a través de la búsqueda de conexión, a través de la naturaleza.

No te sonará extraño que, cuando estás pasándolo bien, entretenido, ni te acuerdas de la ansiedad. Sin embargo, de repente, te acuerdas y te vuelve. ¿A que te ha pasado?

Para que funcionen las herramientas que te he facilitado, como el proceso Inner Fear, la fórmula mágica de la anticipación, etc., es muy importante que tengas mucha práctica en mindfulness.

Gran parte de superar un proceso de ansiedad viene de salir de la mente, de estar presente, de tener habilidad de entregarte con tus cinco sentidos a la experiencia presente.

Un proceso de ansiedad parte de un exceso de mente, en una intención de no entregarse a la experiencia por miedo a sentir.

El mindfulness es un término que está muy de moda desde hace ya varios años, y su práctica consiste en aplicar la técnica de focalizar y poner atención plena en el momento presente.

Es un término occidentalizado que se asemeja a la meditación, donde básicamente conseguimos aprender a vivir el mundo en vez de perdernos en nuestro mundo atendiendo a nuestros pensamientos cuando no corresponde.

Se trata de atender con consciencia plena el momento presente, poniendo atención a los detalles de lo que estás viviendo en ese momento.

Poner consciencia en el momento presente, dejando de deambular y perder el tiempo en pensamientos improductivos del pasado o temores del futuro, nos ayuda a reducir el estrés, a tener la mente más calmada y sentirnos mucho mejor emocionalmente.

Practícalo cada día, tanto en el acto de consciencia de estar presente en tus actividades cotidianas, como con un entrenamiento específico al cual le puedes dedicar quince minutos al día.

Recuerda que el mindfulness tiene todos los beneficios de la meditación, solo que no tiene un componente espiritual. Si te gusta la meditación zen, o rezar, puedes hacerlo del mismo modo.

Lo que os proporciono aquí es un ejercicio rápido de un máximo de quince minutos, donde vas a ejercitar el poner consciencia y presencia en tu momento presente utilizando tus diferentes sentidos.

Puedes leerlo y aprenderlo, y también te recomiendo que lo grabes en un audio con una música relajada de fondo, y que lo practiques luego escuchándolo con los ojos cerrados.

Practica también la consciencia plena en tus actividades cotidianas, concéntrate en notar cómo el agua cae en tu cuerpo mientras te duchas, poniendo consciencia en la temperatura, en la textura, en los olores de los jabones. Cuando vayas a hacer la compra te motivará oler diferentes geles y champús, y elegirlos con cariño porque sabes que luego disfrutarás del placer de olerlos de manera consciente.

Son los pequeños detalles que marcan la diferencia del día a día, pequeños placeres momentáneos que no cuestan nada y te llenan de alegría y vitalidad.

Te dejo el ejercicio para que lo pongas en práctica. Sin duda obtendrás grandes beneficios si lo aplicas en tu día a día.

Elige un lugar tranquilo donde nadie pueda entretenerte durante unos diez minutos, regálate ese momento.

En posición sentada o semitumbada, cierra los ojos, haz unas cuantas inspiraciones profundas y pon consciencia en tu respiración. Cada vez que inspires pon la atención en cómo el aire entra dentro de tu cuerpo, siente cómo tus pulmones se abren; cuando espiras, el aire sale lentamente por tu boca, caliente. Realiza esto varias veces hasta que notes que tu respiración se ha tranquilizado y está estable.

Vas a tratar de mantener la consciencia en tu respiración, y cada vez que aparezca un pensamiento, vas a dejarlo marchar. Esto lo harás volviendo a poner tu concentración en la respiración.

Ahora vas a hacer lo mismo pero contando mentalmente del uno al diez; cuando llegues al diez, vuelves a empezar por el uno. En el momento que se te cuele un pensamiento, paras por el número que vayas y vuelves a empezar.

Te pongo un ejemplo, puede pasar algo así:

Uno, dos, tres, cuatro... me encuentro mal; volvemos a empezar. Uno, dos, tres, cuatro, cinco, seis... que tengo taquicardia. Uno, dos, tres, cuatro, cinco, seis, siete, ocho... siento miedo. Uno, dos, tres, cuatro, cinco... Y así sucesivamente.

Realiza esto durante algunos minutos.

Ahora vas a trabajar con el sonido. Quiero que prestes atención a lo que oyes, simplemente escucha a tu alrededor.

Cada vez que tomes consciencia de un sonido, tu mente le pondrá una etiqueta que lo identificará. Ejemplo: al latido del corazón lo puedes etiquetar como angustia, etc. La mente tarda en hacer este proceso unos breves segundos; quiero que intentes estirar esos segundos de en medio, y que cuando aparezca la etiqueta, la dejes marchar, deja que se vaya. Y para ello, vuelve al sonido.

Dedícale a esta práctica otro minuto más.

Ahora vas a poner la atención a tus emociones. ¿Qué es lo que sientes? Tu mente tardará unos segundos en ponerle una etiqueta a esa emoción; intenta alargar ese momento, y, cuando la identifiques, ponle un nombre. Y luego deja que se vaya; para ello, sigue trabajando con la focalización; vuelve a focalizar tu atención en la sensación de la emoción, sin juicios, sin críticas, sin rechazo, no quieres ni que se quede ni que se vaya, solo está ahí. Trata de mantenerte como una mera observadora; sea lo que fuere que esté en tu corazón, solo es una sensación, y aunque a veces pueda ser desagradable, realmente no puede hacerte daño, no te resistas, entrégate a ella.

Ahora date un tiempo para observar tus pensamientos, recuerda que venga lo que venga a tu mente en este momento, solo es un pensamiento; no te asustes, no tiene ningún poder sobre ti, no los juzgues ni critiques, no los niegues ni los adoptes, solo obsérvalos, no tienen ningún poder sobre ti. Puedes imaginar que vienen dentro de nubes que se van alejando con el viento, continúa así durante un par de minutos.

Ahora, por último, coge cualquier objeto que tengas a mano, y obsérvalo de manera muy consciente; colócalo entre tus manos y permite que tu atención sea completamente absorbida por el objeto, solo observa.

Notarás una mayor sensación en el aquí y el ahora. De repente la sensación de presente y pasado llega a desaparecer; estás presente en lo que tienes delante y, de repente, puede incluso que se abra ante tus ojos una nueva dimensión de percepciones, no te

asustes, no la juzgues, ni quieras ponerle etiquetas ni darle explicación. Acepta la sensación que estás experimentando, no hay
nada que temer, esa sensación de extrañeza no es más que la falta
de costumbre de estar presente en algo.

Otra manera de practicar el mindfulness es elegir una práctica
cotidiana o una señal específica del ambiente, como por ejemplo
cuando suene el teléfono, o cuando te laves las manos, o cuando te
mires al espejo. Elige la que más te guste y, cuando ocurra, pon
rápidamente tu concentración en el momento presente, concen-
trándote en tu respiración durante unos segundos. Esto te man-
tendrá conectado, en tu día a día, y será como poner una especie
de freno a esa vorágine de pensamientos.

¿Cómo afecta la ansiedad a los familiares?

Los principales perjudicados indirectos de los trastornos de ansiedad, sin lugar a dudas, son los familiares cercanos.

Para ellos, enfrentarse a una situación de esta característica es algo verdaderamente complicado, sobre todo si ellos nunca han padecido ansiedad en sus vidas.

Hay tres tipos de familiares:

- El familiar que le resta importancia.
- El familiar que sobreprotege.
- El familiar que no te comprende y se enfada.

Es muy importante hacer hincapié en la diferencia entre ayudar y salvar.

Ya lo vimos en un capítulo anterior, pero te lo recuerdo.

La persona que ayuda siempre potencia los recursos del ayudado, permitiéndole conectar con su miedo, ofreciéndole apoyo, motivación y edificando sus valores para que consiga enfrentarlos.

La persona que salva convierte de inmediato a su salvado en víctima; esta sobreprotección anula las capacidades y vuelve a la persona salvada en dependiente.

La víctima suele encontrar salvadores en los que escudarse para no afrontar sus miedos, personas «comodines» o, como yo los llamo, «niñeras», de las que dependerán para afrontar las situaciones que temen.

Por último, nos encontramos ante un rol castigador, familiares que no comprenden y se enfadan porque no empatizan, generando en el ayudado mucha frustración y más miedo aún.

Es importante, aunque sé de sobras que a veces cuesta, tratar el tema en su justa medida en beneficio de ambas partes.

Para ello te propongo algunas pautas, que son las que proporcioné para la asociación AECAPA (Asociación Española con la Ansiedad, Pánico y Agorafobia).

Pautas para los familiares de afectados

Tienes que tener en cuenta que, lo más normal, es que la persona que está pasando un proceso de ansiedad tenga tendencia a pedirte que le salves, y en muchos casos utilizará la pena, el victimismo, el chantaje e incluso la culpa para conseguir su fin.

Tratará de hacerte sentir mal por no «ayudarle», y es fácil que consiga de esta manera su objetivo de salvamento, pero debes saber que, si caes, le estás separando del verdadero e importante objetivo, que es que aprenda a enfrentarse a sus propios miedos, ¿o acaso tú no lo haces?

Al contrario que tú, las personas cuando estamos así nos perdemos literalmente en el miedo, no queremos sentirlo, queremos sentirnos seguros a toda costa, no soltamos, no confiamos, nos asustamos mucho con lo que nos pasa porque hemos perdido el autocontrol. ¡Y sí! ¡Necesitamos ayuda! Básicamente para aprender a hacer lo que luego conseguimos gestionar con esfuerzo, así como tú lo haces de manera prácticamente inconsciente.

Pero, cuidado, no te sientas superior; seguro que tu familiar tiene cualidades que realiza sin ningún esfuerzo y a ti te cuestan la vida, no pierdas nunca de vista que esto que ocurre es una enorme oportunidad de crecimiento por ambos lados, y que si la vida os ha puesto en esa situación es porque, de algún modo, ambos tenéis que obtener un aprendizaje de ella.

Vivir esta situación desde un choque de egos será terrible para todos. Esta es una estupenda oportunidad para trascender al amor los juicios, los miedos, las culpas, para potenciar la compasión, la paciencia, la empatía y el amor incondicional.

Aquí te dejo algunos consejos.

Para el ayudador:

- Abrázale, dile que le quieres, lo valioso que es, edifica sus valores, así reforzarás su autoestima.
- No modifiques tu vida constantemente para complacerlo, si él ve que son capaces de dominar tu vida, tenderán a acomodarse.
- Llega a acuerdos del tipo: «Vale, me quedo contigo hoy, pero a cambio mañana tú vas a afrontar tal cosa», ¡negocia!, y luego ¡no cedas!
- No le trates como enfermo, trátale como alguien que tiene una crisis personal y necesita madurar y evolucionar.
- Motívale a esforzarse, a retarse, a avanzar, no le compres jamás la película del victimismo, ni convirtiéndote en su verdugo y enfadándote, ni queriendo salvarle, aunque no hacerlo te lleve a sentirte un poco culpable.

- Dale importancia a su miedo pero no a lo que le pasa. No es grave, aunque crea que se está muriendo, te aseguro que no le ocurrirá.

- Pídele que te enseñe el proceso Inner Fear que explico en este libro y realízalo con él cuando entre en crisis, en voz alta, y con tono firme y autoritario.

- Si estás en la calle y te pide irse y salir huyendo, no lo permitas, dile contundentemente que vas a ayudarle a autocontrolarse, que no pasa nada y que es una nueva oportunidad de aprender a gestionar sus miedos. Acompáñale a un lugar apartado, haced el Inner Fear juntos, cuando salga de la crisis, haz todo lo posible por que se divierta; dale protagonismo a sus conversaciones, sácale temas que le encanten, hazle reír y participar, eso le ayudará a sacar el foco de dentro de su mente, ayúdale a salir de su mundo para conectar con el mundo.

- Si fracasáis en el intento, réstale importancia y valora que lo hayáis intentado; reflexionad sobre qué podríais haber hecho de otro modo para conseguirlo, y entended que muchas veces se trata de aprender a modo de prueba-error. Aprendizaje y ¡a por el siguiente reto!

- Ancla cada vez que lo consiga, reafirma y haced lectura y reflexión de lo que sí ha funcionado.

- Pon mucho humor, resta importancia, ponle motes a las crisis, llévalo a lo lúdico sin menospreciar.

- Importante: no permitas que te hable mucho de la ansiedad. Cuando lo haga, pídele que te hable de otra cosa más divertida y que deje ese tema para hablarlo con su terapeuta.

- Hazle ver que todo no es ansiedad, que todos tenemos miedos, pensamientos negativos, hazle ver que tú también los tienes y cuéntale situaciones donde te asustas, te emparanoyas o te rallas, y lo que haces de manera natural para superar a esos miedos.

- No te conviertas en su terapeuta, no te sientas superior, y saca de tu vocabulario el «Tienes que», si quieres proponerle algo mejor empieza por un «¿Has probado?» «¿Quizá podrías?» «A mí me funciona…»
- Cuando trate de que le salves, dile que sientes mucho no ceder, pero que la verdadera manera de ayudarle es no entrar en el juego.
- Unas palabras de apoyo, compasión y amor incondicional, unido a un enorme abrazo, es lo mejor que puedes ofrecerle.

Algo así como:

«Tranquilo, solo es ansiedad, y miedo, se pasa», «Tranquilo que estoy contigo», «Aunque te parezca que no saldrás de esta, ya has pasado por esto más veces y, aunque tengas la sensación de que esta vez es peor que nunca, en realidad no lo es, voy a demostrarte que puedes aprender a trascender esto, y que vas a salir de esta con más aprendizaje, y yo estoy aquí a tu lado para apoyarte».

Pautas para los afectados acerca de los familiares

Lo primero que debes saber es que no eres un enfermo, y consecuentemente, no debes permitir que te traten como tal.

Entendemos que esto es difícil porque cuando estás tan mal te sientes enfermo, te cuesta muchísimo afrontar cualquier situación de tu vida, cambia tu carácter y tu estado de ánimo, y además estás más vulnerable y necesitado de cariño, atención, etc.

Sin embargo, ya sabes que lo que pretendo es que recuperes tu poder, y que pases, a pesar de ser una persona llena de ansiedad y de miedos que te limitan, a tener una vida completamente normal, una persona que se conoce, que autocontrola sus emociones y que se siente libre.

Por favor, no trates de hacer chantaje emocional a tus familiares, ellos se sienten culpables si no entran en tu juego de dependencia sabiendo que estás sintiendo miedos y angustia.

Si de veras quieres superar tu trastorno de ansiedad, has de estar dispuesto a encontrarte con tus miedos, de lo contrario no podrás poner en práctica todos los recursos que te ofrezco.

Recuerda siempre que las llaves de tu libertad están dentro del miedo, y que, muy al contrario de lo que piensas, se siente muchísimo más miedo en tu intención de no querer sentirlo que si te entregas y te metes dentro de él. ¡Dentro del miedo, no hay miedo!

Pide que te motiven a esforzarte, por supuesto que cuesta, pero nada en la vida que no requiere un esfuerzo merece la pena.

Permite que valoren tus esfuerzos, que cada vez que des un paso, te aplaudan, celebren y anclen contigo tus avances.

Sal de la queja del tipo «Lo he conseguido, pero me ha costado mucho», es totalmente improductivo. Cámbialo por un «Lo he conseguido, cuánto valoro mi capacidad de esfuerzo».

Deja de avergonzarte por lo que te pasa, te repito: ¡no estás enfermo! Todos tenemos derecho a pasar crisis personales, eso significa solo que has venido a esta vida para evolucionar, ¡enhorabuena!

Esto que te ocurre es mucho más común de lo que imaginas. Uno de los principales motivos de nuestro proyecto es normalizarlo, y sentirnos muy conscientes de nuestros valores. Recuerda siempre que todos tenemos nuestros puntos fuertes y débiles, y aquel que no tiene esto tiene otra cosa que tú no tienes, nadie es más ni menos que nadie, ama la perfecta imperfección del ser humano.

Acepta tu humanidad, no somos perfectos, pero somos lo suficientemente buenos con oportunidad de mejorar. Acéptate y ámate tal como eres, pero jamás te resignes ni conformes en una vida donde tus miedos sean la causa que te separe de lo que realmente eres.

Cuando vayas a retarte, comprométete en voz alta, planea retos junto a tu gente querida, ellos lo valorarán y te apoyarán si ven que tienes iniciativa.

Si fracasas, diles que te ayuden a restarle importancia y te animen a intentarlo de nuevo

No te molestes si toman el tema con humor (yo les animé a ello). Stop al drama, por favor.

Deporte y ansiedad

El deporte es recomendable para todos, ya sabemos los beneficios que reporta para nuestro organismo tanto a nivel físico como emocional.

Al practicar deporte nos llenamos de energía positiva, ya que además de eliminar toxinas, nos ayuda a segregar endorfinas y pone a tope nuestros neurotransmisores de la felicidad (dopamina, adrenalina, serotonina).

Sin embargo, cuando hacemos deporte, inevitablemente nuestro sistema nervioso se acelera, y es común asociar esto a los síntomas de ansiedad, con lo que se convierte en un nuevo reto a superar.

Tener ansiedad es una nueva oportunidad para cambiar tus hábitos hacia un estilo de vida más saludable, y, paralelamente, hacer deporte es una nueva oportunidad para enfrentarte a tu ansiedad.

Puedes comenzar con algo sencillo como caminar escuchando música y hacer ejercicios que impliquen fuerza, pero que para comenzar no te hiperaceleren demasiado.

Recuerdo que cuando empecé a entrenar con pesas fuerte, se me aceleraba mucho el corazón en reposo, y me asustaba porque experimentaba una sensación muy parecida a cuando me daban los ataques de ansiedad, a pesar de que hacía muchos años que ya no tenía ninguno. Sin embargo, aproveché la oportunidad para volver a «reeducarme», me di cuenta de cómo aún se me activaban los miedos cuando mi mente asociaba algo a la ansiedad. Eso significaba que tenía trabajo por resolver, para seguir aumentando la confianza en mí misma y en la vida que me sostiene hasta que Dios quiera que así sea.

Recuerda siempre que el problema no está en lo que sientes, sino en la interpretación que le das a lo que sientes.

Yo elegí disociar, aunque mi mente me decía que era ansiedad, yo la reprogramé para que lo interpretara como algo completamente normal.

Ahora, si el corazón no se me activa haciendo deporte, aumento la intensidad hasta ponerme al límite. ¡Me encanta esa sensación! Porque descubrí que cuando pones al límite tu capacidad física, no hay cabida para pensar; si piensas, es que aún puedes esforzarte un poco más.

Cuando te esfuerzas, entras en un estado de atención plena, en un estado meditativo y de consciencia presente.

Cuando hagas deporte, háblale a tu cuerpo, y aprende a discernir, suelta el control de tu cuerpo y elige confiar en que este se está adaptando a los estímulos a los que le estás sometiendo a través de acelerar tu corazón, aumentar la temperatura y activar la sudoración.

Te recomiendo que practiques deportes que te exijan estar presente, que no te den permiso para rallarte y comerte el coco; cuanto menos estés en tu mundo mental, mejor.

Ponte siempre música motivadora y combina ejercicios que impliquen fuerza con trabajo cardiovascular.

El deporte es una maravillosa herramienta para desarrollar tu capacidad de esfuerzo y para sentirte fuerte, luego podrás extrapolar estos valores a otras parcelas de tu vida.

A mí me encanta el gimnasio porque está lleno de espejos, y es un momento estupendo para hablar conmigo misma y repetirme mis afirmaciones.

Elegir una disciplina, ponerte objetivos dentro de ella, avanzar y retarte en avanzar, es una maravillosa herramienta para dar rienda suelta a nuestra mente Ferrari. Te aseguro que si consigues conectar con un deporte, aunque no seas especialmente dado a ello, podrás conseguir ser bueno en él.

Yo jamás fui buena en el deporte, sin embargo, tengo en casa un mueble lleno de medallas y copas. Todo el mundo que viene me dice ¡Uau! a lo que yo le respondo: «Ahí tienes mi ansiedad y mi obsesión enfocadas a algo productivo».

El estado de relajación, bienestar y, sobre todo la satisfacción personal que se siente cuando integras el ejercicio físico a tu día a día, son tan placenteros que es fácil que te conviertas en adicto a él si pones intención, constancia y consciencia en desarrollar tus habilidades y convertirlo en una de tus pasiones.

Embarazo y lactancia

Este apartado se lo quiero dedicar a todas aquellas mujeres embarazadas o en periodo de lactancia que estén experimentando pánico o cualquier otro tipo de ansiedad o depresión y estén contemplando la posibilidad de medicarse.

Yo, en primera persona, he vivido la confusión que se siente cuando, estando embarazadas o amamantando a nuestro bebé, pasamos por problemas de ansiedad o depresión.

Hay mucha desinformación, y ni los propios médicos se ponen de acuerdo.

El simple hecho de pensar en hacer daño a nuestro bebé si decidimos tomar medicación ya potencia enormemente nuestro malestar emocional. Si además leemos los prospectos de los psicofármacos al respecto directamente podemos entrar en pánico.

He investigado mucho acerca de esto, ya que era un tema que realmente me preocupaba cuando me planteé ser madre. Las hormonas pueden también jugar a nuestro favor o en nuestra contra.

Para mi sorpresa, en mi primer embarazo, a pesar de ser un embarazo complicado y pasar muchos miedos, supe llevarlos con paz, confianza y energía positiva.

Sin embargo, en el segundo embarazo, perdí por completo el sueño, me obsesioné mucho con la falta de descanso, y mi médico de cabecera se oponía a recetarme nada. Yo sentía que necesitaba descansar, tenía otra bebé de quince meses, un trabajo que llevar adelante, y, finalmente, una vez más en mi inquietud de no darme por vencida, investigué, estudié y aprendí mucho acerca de este tema. Además, en foros, encontré multitud de casos de mujeres en mi misma situación.

Me centré en aquellos estudios que demuestran que el estado físico y emocional de la madre juega un papel fundamental en el embarazo, y que hay estadísticas actualizadas que demuestran otros resultados muy diferentes a los que vemos en los prospectos.

Finalmente decidí medicarme y lo hablé con mi ginecólogo y matrona, que me recetaron lorazepam para descansar por la noche. Lo mantuve hasta un año después del parto, incluso en periodo de lactancia (le di pecho a mi hija pequeña de cuatro años).

Existe información tan contradictoria como que para las contracciones prematuras se prescribe diazepam, pero luego el mismo medicamento y a menor dosis, lo contraindican si tienes ansiedad o insomnio.

Esto me hace pensar en que realmente no se tiene en cuenta la importancia de la salud emocional de la madre, que infinitudes de estudios sí demuestran que tiene una incidencia directa en el desarrollo del bebé.

A lo largo de todos estos años me he cruzado con experiencias de muchas mujeres embarazadas o en periodos de lactancia que están pasando por crisis emocionales de toda índole.

Incluso he conocido a muchas mujeres que desean ser madres y no lo hacen por miedo a tener que dejar un tratamiento, o bien por miedo a no poder tomar medicación en el caso de una «recaída» durante el embarazo. Son mujeres con diagnósticos de ansiedad y depresión en todas sus variantes: agorafobia, pánico, TOC, etc., y muchas de ellas han sufrido nueve meses de auténtico calvario porque no han recibido el consentimiento médico para tratarse, o bien porque han tenido que dejar de golpe un tratamiento de años siguiendo las indicaciones de su médico tras confirmar un embarazo, con todo lo que conlleva hacer una retirada de este modo. Todo ello conlleva a asociar un embarazo a una mala experiencia completamente innecesaria por una mala praxis.

Cuando una mujer está embarazada todo cambia, desde el momento en que una sabe que está esperando un hijo ya no hay nada en el mundo que le importe más que él.

El hecho de tan solo pensar en que una pastilla pueda hacerle algún mal a tu bebé, hace que te invada un terrible sentimiento de miedo y culpa. Existe mucha información difusa y se leen muchas cosas contradictorias respecto a este tema, con lo que, ante la duda, una prefiere no tomar nada, aunque ello conlleve encontrarse verdaderamente mal.

Estoy segura de que después de leer este libro ya cuentas con mucha información, recursos y herramientas que desconocías para poder encarar todo de un modo diferente.

Pero si aun así determinas que la mejor opción es tomar medicación o no dejar un tratamiento, habla con tu psiquiatra y tu ginecólogo para que entre los dos puedan valorar tu caso, y puedan proponer un plan de embarazo apropiado para ti y tu bebé.

Te facilito un enlace donde encontrarás información e incluso un teléfono donde poder llamar en caso de estar embarazada y necesitar asesoramiento acerca de la posibilidad de tomar psicofármacos.

http://www.fundacion1000.es/sitie.html

Para el caso de la lactancia, ocurre más de lo mismo. Existen muchísimos fármacos que son perfectamente compatibles con la lactancia; la mayoría de antidepresivos (que se utilizan también para tratar trastornos de ansiedad) y algunos ansiolíticos de vida media corta también lo son.

La leche materna sigue siendo más beneficiosa para tu bebé que la artificial, incluso tomando determinados medicamentos.

Dar el pecho a tu hijo puede ser de las experiencias más maravillosas que puede vivir una mujer, y psicológicamente es algo muy beneficioso, tanto para el bebé como para la madre.

Pido que no se malinterprete este capítulo, de ninguna de las maneras estoy haciendo apología de tomar medicación. Siempre defiendo la gestión, el aprendizaje, el crecimiento, la evolución, el sentir, pero conozco de sobra esos momentos de pérdida de control absoluto donde la mejor alternativa es pedir ayuda médica, y por eso, si decidís hacerlo, quiero transmitirte lo que sé al respecto para que te sientas lo más tranquila posible y consideres que es un riesgo completamente asumible según qué caso.

Para dudas sobre medicación y lactancia, te facilito otro enlace donde puedes consultar con total garantía.

En la sección de consulta por productos, puedes introducir el medicamento que quieres tomar y te ofrece información detallada del nivel de riesgo de hacerlo.

http://www.e-lactancia.org/

No pases por alto, las alternativas naturales, como la homeopatía, las flores de Bach, la fitoterapia, el reiki. Yo te recomiendo que siempre pruebes con profesionales entendidos en estas materias, que son alternativas completamente inocuas antes de decidirte por la medicina tradicional.

Ansiedad y drogas

He querido dedicar un apartado a este tema porque muchos casos de ansiedad y de pánico están relacionados con la toma de alcohol y de drogas.

Hace poco, a partir de una mala experiencia, llegó a mí algo que escribí hace muchos años, cuando estaba pasando por uno de los peores episodios asociados a mi ansiedad.

La primera vez que tuve un ataque de pánico fue tras el consumo de una droga que se llama MDA. Cuando escribí *Vivir sin ansiedad* no hice alusión directa a esta experiencia. Sí que dediqué un capítulo al consumo de alcohol y drogas, sin embargo, por entonces, aún no me sentía preparada para hacer público este testimonio, tenía mucho que perdonarme: sanar, miedos a sentirme juzgada, culpas y remordimientos.

Ahora me siento preparada para compartir mi experiencia desde mi verdad, porque si hay una sola persona que ha llegado hasta aquí desde esa misma experiencia, y mi testimonio puede ayudarle, ya habrá merecido la pena para mí.

Lo que vais a leer ahora puede herir ciertas sensibilidades. Habla mi corazón lleno de dolor, de miedo e inseguridad, en un tiempo donde andaba perdida y llena de miedos.

Os pido que sea tratado con el respeto que merezco, porque ahora mismo estoy rompiendo limitaciones mentales al hacer público este testimonio de un episodio gris de mi vida, que quizá muchos de vosotros desconocíais. Siento mucho si defraudo a alguien, pero algo dentro de mí me dice que puedo hacer el bien con esto. Así que allá voy, con miedo y un poco de vergüenza, aprovecho para seguir perdonándome.

Escrito por Vanesa Rodríguez De Trujillo Arauz
el 15/02/2007

Hola Raúl, soy española y tengo 25 años. Llevo cuatro meses con trastornos de pánico; todo empezó cuando una noche consumí MDA y acabé en urgencias porque perdí la noción del tiempo y me entraron como chispazos en la cabeza que me desorientaban. A partir de ahí, estoy totalmente obsesionada con que tengo algo en la cabeza. He acabado millones de veces en urgencias con crisis de pánico horribles; si hay que tener como mínimo cuatro síntomas para considerarse ataque de pánico yo los tengo todos… Hace tres semanas fui definitivamente al psiquiatra y me ha recetado tranquimazin de 0,50, tres veces al día, y tomo 1 mg de aremis al día. Las dosis empezaron por 0,25. A las dos semanas empecé a sentirme mejor, pero hace dos días tuve un mareo fuerte y desde entonces me ha vuelto la obsesión de que tengo algo malo en el cerebro. Vivo como aturdida, no es mareada, es como si el mundo fuera una cosa y yo otra… Veo rarísimo. Y encima el otro día me quedé mirando una máquina tragaperras y las luces moviéndose mucho y sentí cómo se me metían en el cerebro. Desde entonces, por la noche, si salgo a la calle, las luces de los coches, de los semáforos, los intermitentes es como si se me metieran en el cerebro. Estoy obsesionada con que tengo algo en la cabeza malo. Además me quedo con la mente en blanco muchas veces, estoy hablando y no me acuerdo de lo que iba a decir, y en ese momento me entra mucha ansiedad, cuando me tranquilizo me acuerdo perfectamente. Por ejemplo, hoy he entrado en un súper a comprar una cosa y cuando estaba dentro no sabía que quería comprar… Me he puesto supernerviosa y he conseguido relajarme y me he acordado perfectamente. Dentro de dos semanas voy a hacerme un electroencefalograma porque estoy todo el día pensando o que tengo un tumor o que el MDA me ha dejado secuelas… He estado consumiendo MDA durante dos años en ocasiones especiales, aunque en verano más a menudo. Cuando me pasa algo de esto se me viene a la cabeza automáticamente la sensación que tuve con el MDA la última vez y creo que me ha afectado irreversiblemente. También cuando recuerdo ese día lo paso fatal y me entra mucha angustia y se me viene muchas veces a la cabeza… ¿Cree usted que el tratamiento es el adecuado? ¿Se me quitará esto? ¿Habrá hecho el MDA secuelas en mi cerebro que cada vez me imposibilitarán más? Necesito ayuda, por favor.

Siento muchas emociones cuando leo mi testimonio en ese foro. Por un lado, puedo recordar la pesadilla que viví, puedo recordar el dolor; por otro, siento tristeza y pena de mí, en ese sufrimiento. Sin embargo, y sobre todo, lo que siento es un enorme orgullo, porque hago el ejercicio de visualizarme en ese momento y puedo verme, ahora, acercándome a esa persona aterrorizada, abrazándola por detrás y diciéndole al oído que soy su futuro y que todo saldrá bien. Puedo darle la vuelta, pedirle que me mire a los ojos, y entonces le cuento cómo se van a desarrollar los siguientes años. Le digo que va a aprender muchísimo de esa experiencia, que va a ser madre de dos preciosas niñas sanas, que va a escribir libros y que de ese dolor nacerá su pasión de ayudar a otras personas, que dejará su trabajo y dedicará su vida a acompañar a personas a superarse. Puede que sea extraño lo que voy a contarte, pero puede ser que mi futuro estuviera ya ahí, y de estas palabras de aliento saliera mi fuerza que me lleva ahora a escribir esto, de manera cuántica, y que sea una sola experiencia dividida en miles de momentos, y que ahora mi futuro me esté animando a escribir esta experiencia porque algo me dice está bien que lo haga.

Durante mucho tiempo, me culpé porque pensaba que si no hubiera entrado en ese mundillo no habría acabado en el estado que acabé. Sin embargo, con el tiempo y con la perspectiva entendí que yo tenía que vivir y aprender de esa experiencia, y que si no cualquier otro detonante hubiera sido el causante de ello.

Al final, lo que te provoca que te enredes en tus miedos es la interpretación que haces de tus pensamientos, de tus emociones, de tus síntomas. En mi caso, me asusté mucho cuando tomé consciencia de que lo que hacía podía poner en peligro mi vida.

No controlar las sensaciones de mi cuerpo, un despertar de consciencia, de quererme y cuidarme fue lo que realmente me llevó a darme cuenta de que tenía que «salir huyendo» o «controlar» aquello que me estaba haciendo mal.

«¿Qué estás haciendo de tu vida?», era lo que me preguntaba constantemente.

El detonante podría haber sido cualquier otro, cualquier estímulo que despertara mi consciencia ante la posibilidad de un mejor hacer.

Te invito a que reflexiones si en tu caso también hay un «¿Qué estás haciendo de tu vida?»

Quizá te aterrorice la idea de que no estás siendo honesto contigo mismo, y que te estás conformando con una vida que no te llena lo suficiente, y que solo la idea de ello hace que entres en pánico.

Ante este estado, hay caminos que «disfrazan» y «llenan» de emociones fuertes tu alma para que cobre sentido. A veces es un refugio en las drogas, un enamoramiento idílico, un deporte de competición, o una obsesión cualquiera, todo vale mientras tu mente se evade de manera neurótica en un nivel superficial pero intenso, tan intenso que no te permite llegar a lo verdadero y profundo. Quizá te suceda que estés cerrado a ello, porque no quieras verlo, o porque verlo te aterrorice tanto que de manera inconsciente tu mente lo desecha de inmediato.

No tienes que hacer nada, yo lo lanzo al universo, como una semilla de consciencia, y solo tú sabrás si te resuenan estas palabras o no tienen que ver contigo.

Me voy a centrar en este capítulo en el tema de las drogas, porque, de algún modo, quiero acercarme a esas personas que están pasando por ese duro tránsito, que se sienten además juzgadas y lo viven en silencio, o que se culpan o culpan a los malos hábitos de su estado y pierden su poder por el camino. Quiero motivarlas a cambiar el chip y tomar las riendas de su vida.

Todos hablan de la parte negativa del alcohol y de las drogas, pero nadie cuenta que cuando entramos ahí es porque realmente buscamos experimentar sensaciones y estados de felicidad que no somos capaces de conseguir de manera natural.

No es casualidad que tantas personas, después de salir del mundo de la noche, acabemos más pronto que tarde dándole a la vida un sentido espiritual. Y es que muchas personas no saben que podemos conseguir estados de plenitud y gozo extremo cuando conectamos con la gracia divina y nos entregamos a la vida con dicha y consciencia. Doy mi palabra de que, en mi día a día actual, consigo conectar con estados meditativos tan potentes, si no más, que los que conseguía en esa época, lo cual ha sido para mí un camino difícil, porque mi mente asociaba esos estados a lo que sentía en aquellos tiempos, y he tenido que «reeducarme» a atravesar el miedo que me producía sentirme así.

En el despertar de consciencia aparece esa necesidad de disfrutar con gozo de la vida, y es el miedo a esa libertad lo que te pone las resistencias mentales que te impiden experimentar el aprendizaje que te toca.

El camino del no sentir, del control, hace que decidamos drogarnos, beber alcohol, o tomar medicación, porque nunca olvides que la medicación también es una droga con un uso «controlado».

Hay personas que acaban siendo alcohólicas porque beber les produce ese estado ansiolítico que les permite soltar el control. He conocido a muchas personas alcohólicas que detrás esconden la necesidad de escapar de sus malos rollos interiores. Como consecuencia, se hacen dependientes del alcohol para disfrazar el sentirse mal, a cambio de un sentirse bien que dura más bien poco. Al alcohol, además, se le suma que es un depresor del sistema nervioso central, con lo que la resaca potencia tu verdadero malestar, que se vuelve a esconder tras el consumo de una nueva copa. Y así es como se entra en un círculo de dependencia.

Por otro lado, te darás cuenta, si bebes esporádicamente, que realmente el alcohol potencia tu ansiedad, y si le tienes fobia a los síntomas de la ansiedad, evidentemente beber te va a llevar a eso que llamas «recaída».

Los que somos de sentir, sentimos mucho todo, y no significa que no puedas tomar una copa, significa que si lo haces debes asumir las consecuencias.

Otras drogas de diseño, como la cocaína, el éxtasis (tanto en pastillas como líquido), el MDA, el MDMA, *Ketamina, Nessus...* modifican bioquímicamente tu cerebro, y estas modificaciones pueden llegar a ser irreversibles. Si tienes un cerebro Ferrari y consumes drogas, corres el riesgo de que tu nueva percepción de la realidad sea modificada para siempre, y de ahí que aparezcan lo que se denominan psicosis, esquizofrenias y demás «enfermedades» mentales.

El consumo de cualquier psicotrópico, como el cannabis en todas sus variantes (hachís, marihuana, etc.), también modifica la bioquímica cerebral y puede ocasionar movidas mentales irreversibles.

A esto es a lo que se llama «quedarse pillado por las drogas».

Si tienes un atisbo de consciencia y de amor propio, comprenderás por qué un ataque de pánico es un regalo que te hace la vida para que salgas del camino del infierno. En estos casos, el ataque de pánico te está avisando de que salgas de ahí y busques esa alegría, plenitud y gozo por otro camino, que te aseguro —es más, te prometo— que lo hay.

Tienes la capacidad de experimentar todo lo bueno que las drogas te hacen sentir de una manera completamente sana. Puedes estimular tus neurotransmisores a esos niveles por los caminos divinos en lugar de por los caminos del pájaro maligno.

Te animo a que llenes tu vida de gozo y de dicha, entregándote a la experiencia de la naturaleza, del anochecer, de meditar, de amor por todo lo que te rodea, de presencia en los sentidos, en las caricias, los besos, los abrazos, el respirar y los colores del cielo. Ahí se encuentra la verdadera magia que estimulará tus neurotransmisores hasta conseguir el éxtasis infinito.

La ansiedad y el estilo de vida

En este apartado me gustaría daros algunos consejos sobre los hábitos de vida más recomendables para las personas que hemos padecido problemas con la ansiedad, ya que un estilo de vida acorde podrá ayudarnos a encontrar el equilibrio y evitar futuras crisis.

Quizá con una adecuada educación emocional desde niños, acabar enredados en nuestra mente sería perfectamente evitable. El sistema al que nos enfrentamos se hace complicado muchas veces para personas como nosotros, por eso es muy importante tener una adecuada información y hacer un trabajo y tener una implicación extra en nuestro proceso emocional. De este modo, podremos ofrecer al mundo todo lo importante y bueno que venimos a aportarle desde lo que realmente somos, y no desde lo que nos pretenden convertir.

Por todo esto, acabamos gestionando inadecuadamente y trastornamos nuestro sistema nervioso. Por eso, debemos cuidarlo y reforzarlo si queremos que no nos vuelva a jugar malas pasadas.

Creo que es fundamental, para superar el pánico y la ansiedad, conocer nuestro cuerpo, saber cuáles son nuestras particularidades y actuar en consecuencia.

Os lo explico con un ejemplo: imaginaos que hemos padecido del estómago, no tenemos nada grave pero nos hemos convertido en lo que comúnmente se conoce como «de estómago sensible». Si nos atiborramos de chorizo, morcilla y fritos acabaremos con unos síntomas desagradables, tendremos acidez, pesadez y quizá diarrea, y, si no le hacemos caso a nuestro cuerpo, de seguir así probablemente acabaremos con una úlcera o cualquier otro problema digestivo más serio.

Del mismo modo, si padecemos de ansiedad o pánico y tomamos excitantes, nos alimentamos mal, llevamos una vida de estrés, bebemos, nos drogamos, etc., pues tendremos todas las papeletas para convivir con síntomas desagradables, con lo que nuestra neurosis se generalizará más.

Siento comunicarte que si estás leyendo este libro vas a tener que asumir que eres una de esas personas que se activan con facilidad, se sobreestimulan, o como yo digo con tono humorístico, tenemos «el ralentí un pelín pasado». Para conseguir mantener el equilibrio emocional, necesitamos llevar a cabo un tipo de vida acorde a nuestras características físicas y emocionales.

Es interesante aprovechar este momento de crisis personal para hacer un cambio de hábitos y modelar tu vida hacia un estilo de vida que te complete y llene en todas tus parcelas. El aburrimiento está directamente relacionado con las personas que acaban padeciendo este tipo de trastorno, así como la dependencia emocional y el no saber establecer límites.

Hay mucho que trabajar con la persona que realmente quiere implicarse y cambiar su vida dentro de una metodología de *coaching* específica para ello, como la que hago cada día en mis seminarios y consultas.

No es casualidad que cuando estás entretenido, pasándolo bien y fluyendo en el presente no haya cabida para rallarte, y, sin embargo, cuando hay algún tipo de carencia, vacío o aburrimiento, la neurosis y los miedos se vuelvan a activar.

Míralo por el lado positivo, con todo esto, la vida te da una nueva oportunidad para cambiar tu vida, para bien, en todos los ámbitos. Para encontrar tus pasiones, conocerte, manejar tus emociones, superar tus miedos, vivir de manera libre y auténtica.

- En primer lugar, y esto es muy importante, elimina la palabra «ansiedad» de tu vocabulario. Cuando has pasado por algo así parece que ya todo es ansiedad, y esa es la mejor manera de generalizar un estado que no te corresponde. Las personas que jamás han tenido ansiedad también se agobian, se estresan, se angustian, sienten miedos, síntomas, etc., y no, todo no es ansiedad. A partir de ahora, cuando sientas nervios di «Siento nervios», cuando te duela la cabeza di que te duele la cabeza, cuando tengas angustia di que tienes angustia, elimina para siempre la palabra ansiedad de tu boca, y bórrala de tu alma, ya notarás cómo cambia tu vida cuando lo hagas.

- Eliminar el consumo de cualquier tipo de excitante, incluidos el tabaco, el café y el té. El café descafeinado también contiene cafeína, aunque en menor proporción. Esta medida es importante hasta que tu sistema nervioso sane y recupere un ritmo dentro de unos parámetros que te hagan sentir en paz la mayor parte del tiempo. En mi caso estuve cinco años sin probar café, Coca-Cola ni ningún tipo de estimulante. Quienes me conocéis ahora sabéis que me encanta el café, y que tomo cada día dos o tres tazas, lo uso como finalidad estimulante cuando entreno, tengo que concentrarme o me levanto por la mañana. Y sí, me genera excitación, justo lo que busco; luego no podré quejarme de que tengo «ansiedad» si me da una taquicardia.

- Dormir un mínimo de siete u ocho horas seguidas. Un buen descanso es fundamental para equilibrar el sistema nervioso. Un exceso de descanso tampoco es positivo, acumular energía que no se libera también lo sentirás como ansiedad. Si padeces de problemas de insomnio es fundamental tratarlo, los niveles de serotonina y melatonina (hormona del sueño) están directamente relacionados con el buen descanso.

- Las drogas y el alcohol, además de deteriorar el organismo, la bioquímica cerebral y el sistema nervioso dejan fisuras energéticas en el alma.

- Realizar ejercicio físico como mínimo 45 minutos diarios.

- Tomar asiduamente infusiones relajantes y equilibrantes como manzanilla, tila, pasiflora, melisa y azahar.

- Tomar un suplemento vitamínico rico en vitamina B.

- Después del tratamiento con psicofármacos o como coadyuvante a estos, hazte muy amigo de las terapias naturales y energéticas: homeopatía, flores de Bach u otros sistemas florales, acupuntura, gemoterapia, aromaterapia, reiki etc.

- Somos lo que comemos. Mantén una dieta sana y equilibrada, adopta un «Healthy life style» ingiriendo alimentos ricos en triptófano, los cuales benefician el sistema nervioso.

El antidepresivo natural: el triptófano

El triptófano es un aminoácido no esencial, esto significa que tu cuerpo lo necesita pero no lo produce, con lo que necesitamos ingerirlo a través de nuestra alimentación. A partir de este aminoácido, se produce la serotonina, el neurotransmisor directamente relacionado con la ansiedad, aquel que se modifica químicamente en la toma de antidepresivos.

Un déficit de triptófano ocasiona muchos trastornos, entre ellos depresión, ansiedad, angustia e irritabilidad.

De tal modo, el triptófano funciona como antidepresivo natural, ayuda a mejorar tu estado de ánimo y a reducir la toma de psicofármacos.

El uso de triptófano es contraindicado mientras tomas antidepresivos, ya que puede provocar un síndrome serotonínico.

La planta Griffonia symplicifolia es una potente fuente de HTP-5, un metabolito que se convierte rápidamente en serotonina en reacción con diferentes enzimas y vitaminas.

Estudios científicos han demostrado que el aumento de serotonina en el organismo está relacionado con una sensación de bienestar, relajación, mayor autoestima y concentración.

Además, la serotonina establece un equilibrio con otros neurotransmisores como la dopamina y la noradrenalina, relacionados con el miedo, la angustia, la ansiedad, la irritabilidad y los trastornos alimenticios. Por otra parte, es necesaria para la formación de melatonina, relacionada con la regulación del sueño.

También la falta de serotonina se asocia con los comportamientos compulsivos de las adicciones.

Todo esto significa que debemos introducir triptófano en nuestra dieta, ya que muchos problemas emocionales están asociados a la carencia de esta proteína.

Podemos introducirlo a través de alimentos que lo contengan o también a modo de suplementos.

Algunos alimentos ricos en triptófano recomendables en tu dieta son: pavo, pollo, jamón, leche, queso, pescado, huevos, tofu, soja, semillas de sésamo y de calabaza, nueces, cacahuetes y mantequilla de cacahuete, anchoas saladas, plátano, piña, aguacate, quesos suizos, parmesanos, almendras y cereales integrales.

Antidepresivos naturales: plátano, lentejas, pan integral, arroz, nueces, ajos, naranja, fresas, cebollas, aceite de oliva, frambuesas, cúrcuma, jengibre, limones, pimientos.

- Elimina el azúcar de tu vida cotidiana, está directamente asociado con la depresión y la ansiedad, así como las grasas no saludables que taponan tu buena energía, positivismo y saludabilidad.
- Las situaciones de estrés sobreestimulan el sistema nervioso y activan la ansiedad con facilidad; ponen tu sistema de alarma alerta y propician los miedos. Aprende, pues, técnicas de relajación, practica el mindfulness, medita a diario como regla inquebrantable.
- Refuerza tu autoestima rodeándote, en la medida de lo posible, de lugares y personas que transmitan paz y alegría, positivas y con confianza. Elige personas tónicas y aléjate

de aquellas relaciones de dependencia emocional que intoxican el alma.

- Cuida tu cuerpo, las sesiones de belleza o tardes de mimos y autocuidados, al menos una vez al mes, harán que te acerques a ti y reforzará la conexión contigo mismo.
- Practica una vida ordenada, con horarios y rutinas establecidos para nuestro particular cerebro intenso y abstracto.

Como reflexión, la vida no es más que un cúmulo de vivencias. Algunas generan dolor y posibilidad de aprendizaje, y otras son para disfrutar. Todos los seres humanos tenemos el compromiso con la vida de estar agradecidos por esos buenos momentos, de permitirnos disfrutarlos y a su vez aprender de nuestros errores.

Superar tus miedos, controlar la ansiedad, trascender al amor y cuidar tu salud no es labor de un solo día, es un camino que acaba por convertirse en filosofía de vida.

No me cansaré de decir una y mil veces que detrás de esta desagradable experiencia existe un maravilloso aprendizaje positivo para cada uno de nosotros.

A pesar de todo, somos unos «sufridores» afortunados, porque este trastorno finalmente es verdad que no te mata, ni te hace perder el juicio, pero, sin embargo, sí que te da la oportunidad de conocerte a ti mismo, de poner nuestro foco en valorar, en agradecer y de evolucionar tu consciencia a un nuevo nivel si así lo decidimos.

Agradezco a mi proceso de ansiedad que me haya permitido convertirme en lo que soy a día de hoy. Porque después de aquello, nunca volví a ser la misma de antes, sino que soy sin duda una versión mucho mejor que antes. ¡Y lo que aún me queda por aprender hasta que Dios quiera que vuelva a casa!

Te pido que todo lo que hayas aprendido en este libro lo utilices en tu beneficio y en el de la humanidad, así me ayudarás ahora tú a cumplir mi cometido.

Te doy las gracias por haberte cruzado en mi vida y permitirme acompañarte en un trocito de tu camino.

Historias y testimonios de superación

He querido acabar el libro compartiendo unos testimonios que pueden ayudarte. Son palabras de aliento de otros corazones que empezaron como tú y acabaron cambiando sus vidas.

Se trata de personas generosas que comparten su aprendizaje hoy contigo, en una enorme intención de mostrarte comprensión, apoyo, y sobre todo, un chute muy grande de energía positiva.

No puedo sentir más que emoción y agradecimiento, es un verdadero regalo de Dios ser partícipe de forma tan cercana de evoluciones personales de tantas personas. Es brutal ser consciente de la luz de las personas cuando ellas mismas no pueden verla. Ir destapando, paso a paso, capa a capa, todo ese potencial que se esconde tras un proceso de ansiedad. Me siento verdaderamente afortunada.

El testimonio de estas personas es tan real como el que tú estás viviendo en la actualidad. Durante el proceso, encontraron la pasión de ayudar a otras personas, y ahora se ayudan ellas mismas ayudando a otros, como lo hago yo o como, quizá, tú llegues a hacerlo.

Gracias de corazón, Nalia, Marga, Pía, Mariló, María y Almudena por elegirme como compañera de camino, el regalo que recibo de vosotras cada día es enorme.

Deseo que este capítulo sea un auténtico bálsamo reparador, y que la luz de estas palabras entre en tu mente, para llegar a tu corazón y atraviese tu alma.

Testimonio 1: Nalia

»Pienso en algo que decirle a una persona que esté pasando por donde pasé yo y solo se me ocurre: "Venga, confía, que tú puedes".

»Conocí a Nessita con veinte años, en primero de carrera, cansada de ir de un médico a otro para que me dijera qué tenía, soñando con la pastilla mágica que me quitara la angustia, el miedo, los ataques de pánico, el corazón a mil todo el día, el tener que ir por la vida acompañada porque me daba miedo estar conmigo sola. Y cuando estaba a punto de rendirme, apareció ella, como un ángel, revolucionando todo mi sistema de creencias. Cambiando todo lo que había aprendido. Haciéndome madurar, y sin embargo, valorar mucho más esta vida tan bella que tenemos la suerte de experimentar. Necesitaría un libro para mí sola para explicar lo dura que fue mi vida hasta que aprendí a gestionar la ansiedad, y a hacer de esta peculiaridad mía de vivir todo tan intensamente, una de mis ventajas competitivas o dones, pero como no puedo extenderme porque los testimonios de mis compañeras son también imprescindibles, solo os diré lo siguiente: Sé lo que es abrir los ojos y maldecir a nuestra "cabecita" por tener de nuevo los mismos pensamientos, las mismas sensaciones y síntomas. Sé lo que es no tener calidad de vida, y que ir a la parada del autobús sea una odisea. Sé lo que es no querer compartir tu vida con nadie, por no estropearle la suya.

»Pero ¿sabéis qué?

»Ahora sé lo que es abrir los ojos cada mañana y decir gracias hasta cansarme; sé lo que es que mi mente sea mi mayor aliada, estar al mando de una fuente inagotable de creatividad que me da muchas satisfacciones; sé lo que es vivir más consciente, valorando, disfrutando y agradeciendo a Dios cada instante de paz. Jamás pensé que me sentiría segura en cualquier lugar del mundo, porque confío en mí misma y en el universo.

»Todo esto se lo debo a haber pasado por un proceso de ansiedad tan *heavy* como probablemente esté siendo el tuyo.

»Te animo de todo corazón a que aprendas y te pongas en manos de alguien que te enseñe a conducir esa mente tan poderosa que tienes, y te garantizo que más pronto que tarde agradecerás haber pasado por este proceso para, ahora sí, disfrutar de la vida como solo tú estás capacitado para hacerlo.

»¡Mucha luz! Mucho amor!»

Testimonio 2: Mariló

«Qué raro es que algo que empezó siendo una pesadilla acabe siendo una experiencia que me ha hecho crecer y darme cuenta de quién soy. Me costó mucho darme cuenta de que mis mareos, mis nervios, mis miedos, no dormir, el no poder hacer nada sola no tenían base en ninguna enfermedad malísima, era un diagnóstico de ansiedad crónica. Aquí me hice dos preguntas infinidad de veces durante algún tiempo: ¿por qué me pasa esto?, y ¿qué hago para volver a ser como antes y que se me quite?

»Buscando información, encontré la ayuda y la comprensión que necesitaba. Encontré a la persona que me explicó lo que me pasaba como si estuviera dentro de mi cabeza, dando respuestas que entendía a lo que me rondaba por la mente y haciéndome ver que yo tenía la fuerza dentro para gestionar esta ansiedad, ¡no estaba sola!

»Confié, me impliqué 100% haciendo esos ejercicios que al principio no acababa de creer que me fueran a servir de nada porque me veía fatal y cambié mi actitud al "Yo puedo".

»Al poco tiempo mi cambio fue a mejor, toda mi gente se dio cuenta, volvía a ir sola a algo tan tonto como comprar el pan. Me quité ese cartel de "ansiedad mala" a "yo soy la que decide y gestiona qué hacer con mi ansiedad".

»A día de hoy puedo decir que fue muy difícil aceptarla, fue difícil entender por qué estaba ahí de repente, pero gracias a esta parte de mi vida he conocido a gente buena, poco a poco voy saliendo del camino del confort, veo la vida de una forma más bonita, me paro a observar y a darme cuenta de lo que me rodea, me centro en el aquí y el ahora, me conozco más, me comprendo y, sobre todo, ¡me valoro más!

»Y no, la respuesta que me hacía a la segunda pregunta cuando empecé con esto es un "no": no vuelvo a ser como antes porque me siento yo pero en ¡una versión mejorada!»

Testimonio 3: Marieta

«Te sientes un bicho raro. De la noche a la mañana tu vida da un giro de 180 grados. Nadie te entiende. Y justo en ese momento es donde empieza un eterno camino en busca de la "mágica solución". Visitas a mil médicos, todo el día con pastillitas a cuestas. Y ves que esta pesadilla no tiene fin. No te encuentras mejor, nadie da con tu problema, cada vez estás más sola. Una sensación que no desearía ni a mi peor enemigo.

»Un día, después de buscar en mil páginas de Internet, redes sociales, etc., a ver si alguien daba alguna solución a mi problema, di con ella: Nessita, ¡y ahí empezó a cambiar mi vida! Me enseñó a entender mis síntomas, a gestionar mis emociones... Y aquí estoy. Viviendo mi vida al máximo. Mujer emprendedora. Propietaria de un salón de belleza. Mamá de una maravillosa nena de un añito. Disfrutando de las oportunidades que me brinda el destino como si hoy fuera mi último día. Gracias, Vanesa. Gracias eternas. Sin ir de tu mano nada de esto hubiera sido posible.»

Testimonio 4: Almudena

«Mi ansiedad me acompaña desde hace ya bastantes años. Todo comenzó por un pinchazo en la zona del corazón mientras iba sola conduciendo el coche, y yo creí que me estaba dando un infarto. A partir de ahí comencé con el recorrido de especialistas, tratamientos, terapias de todo tipo y un sinfín de búsqueda por encontrar algo "milagroso" que hiciese desaparecer los síntomas, pensamientos, miedos. En la mayor brevedad posible y sin mucho esfuerzo.

»Con el paso del tiempo desarrollé agorafobia y eso ha hecho que llegase a tener miedo a la cosa más absurda que se te pueda ocurrir.

»Lo he pasado muy mal creyendo que en cualquier momento iba a ser el final de mi vida. Estar en una continua montaña rusa de emociones me ha hecho ver lo peor del miedo, y realmente asusta.

»Un día, de casualidad, di con el primer libro de Nessita, y al leerlo fue como si alguien lo hubiese escrito para mí. Así que empecé a investigar quién era la persona que había pasado por lo mismo que yo, y así me di cuenta de que no estaba sola. Comencé a hacer talleres, sesiones individuales, cursos, me impliqué trabajando a diario mis pensamientos, y todo eso hizo cambiar mi forma de ver la ansiedad. Pasé de verla como una maldición que me habían echado, a una poderosa herramienta de crecimiento y superación personal.

»La ansiedad nos hace ver lo peor que el miedo puede hacer en nosotros, pero también nos eleva a una alta consciencia y valor de la vida. Me ha hecho darme cuenta de lo que tengo a mi alrededor y que merece la pena, empatizar con los más débiles e indefensos, aprovechar cada momento de mi vida, agradecer cualquier detalle por pequeño que sea, decidir lo que me apetece hacer y lo que quiero en cada momento y poder disfrutar de mi momento presente.

»Cuando aprendes a gestionar la ansiedad ya es otro mundo, porque te sientes más fuerte, más positivo, confías en ti, haces de cada reto un aprendizaje y todo eso hace que a día de hoy dé gracias a la ansiedad por que me parase los pies en la frenética vida que llevaba y me hiciese poner los pies en la tierra.

»¡Nadie dijo que fuera fácil pero, sin duda, merece la pena o, mejor dicho, merece el miedo!»

Testimonio 5: Pía

«He experimentado síntomas de ansiedad a lo largo de mi vida. No he cesado en la búsqueda de nuevos caminos para aprender a gestionarla y conocerme más a mí misma. Fui a especialistas, leí libros y artículos relacionados con la misma, me trabajé desde lo transpersonal, lo corporal, lo emocional, e iba aplicándolo día a día, pero aun así la sensación era que algo importante me faltaba o se me escapaba.

»En mi camino de aprendizaje por vivir mejor y sentirme más libre llegué hasta Nessita, a través de Internet. Me puse a ver y escuchar vídeos, leer post y por último entré en el blog de *Vivir sin ansiedad* para recopilar más información. Y ¡sorpresa! A través de los escritos fue donde, como una lucecita, encontré la clave de eso que me faltaba para poder gestionarla, finalmente, de un modo efectivo.

»Me generó confianza el descubrir cómo Vanesa lo había vivido en su propia piel y lo exponía claramente con un lenguaje claro, sencillo y que me resultaba muy familiar. Describía cómo se enfrentó a sus propias dificultades y cómo se implicaba en acompañar a otras personas con sintomatologías similares para mejorar su salud mental, física y emocional. A partir de ahí, me puse en contacto y empecé a empaparme del método, a aplicarlo con esfuerzo, constancia y voluntad, conmigo y con quien lo pudiera necesitar.

»Lo que más me llegó fue, por un lado, descubrir el concepto de la neuroplasticidad, y lo que podía significar en mi vida el poder crear conexiones neuronales nuevas y reeducar mi cerebro en positivo, ¡genial! Y, paralelamente, potenciar la lógica en la calma para poder hacer uso de ella en los momentos llenos de emocionalidad e instinto.

»Por otro lado, la importancia de la apertura al cambio, la aceptación del miedo, soltar el control, ¡pero de verdad!, y dejar de evitar para poder entrar así en esa "zona mágica" donde todo es posible y fluir, "ir con la ola". Me sentí alegre y esperanzada, aun sabiendo que no iba a ser fácil el camino y que me tendría que implicar de nuevo. Pero lo que menos necesitaba eran excusas, porque la luz estaba ahí junto a las herramientas para llevarlo a cabo. Y me venían dadas por alguien que lo vivía y lo luchaba cada día.

»Es cierto que la ansiedad nos acompaña y la necesitamos para "sobrevivir", pero entiendo que la ansiedad patológica la alimentamos nosotros mismos, con nuestros propios pensamientos y nuestro diálogo interno, y que gestionarla significa ser valiente, tenderle la mano para que sea nuestra compañera, sanamente, en el viaje de la vida, como decía Nelson Mandela: "No es valiente aquel que no tiene miedo, sino aquel que sabe conquistarlo". Tomé conciencia de que no existen recaídas, pues siempre podremos transitarlas si confiamos y hacemos uso de lo aprendido.

»Para finalizar, agradecer a Vanesa sus enseñanzas, su dedicación y su entrega, sin olvidar a mis compañeras de camino, en el cual seguimos estando y formando parte. Esta familia VSA: valentia, salud y amor. Gracias por mostrarme esa Luz.»

Testimonio 6: Marga

«"Ojalá no me estuviera pasando esto." Es la frase que más me repetía cuando empecé a somatizar mis miedos y pensamientos catastróficos en forma de crisis de pánico. Por aquel entonces tenía veinticinco años y estudiaba cuarto año de licenciatura en Medicina. Aún recuerdo como si fuera ayer mi primera crisis de ansiedad. Hacía unos meses me habían diagnosticado de hipertensión arterial y ya en mi mente empezaban a brotar los primeros miedos. Una noche tuve un dolor de cabeza muy fuerte y recordé perfectamente la clase de ictus que había estudiado en la facultad. Estaba claro, yo estaba teniendo un ictus (tan joven y sanísima).

»Desperté a mi pareja diciéndole que me moría, intenté calmarme pero no pude. Terminé en urgencias con un ansiolítico debajo de la lengua. Pasaron los meses y yo no me sentía bien, hacía mi vida como hasta ahora venía haciendo, pero cada vez me costaba más trabajo ir a clases, salir a cenar con mis amigos, ir a la biblioteca... salir de casa. Por suerte, al estudiar medicina estaba rodeada de médicos y profesionales de la salud en mi día a día, así que me armé de valor y me fui a hablar con mi profesor de psiquiatría. Recuerdo cómo por mi cabeza pasaban pensamientos como... "estás loca, te van a dejar ingresada".

Cuando le conté a mi profesor lo que me pasaba, se rio compadeciéndose de mí, y me dijo: "Marga, lo que tienes es un trastorno de ansiedad con agorafobia. Es algo muy frecuente, no te preocupes". ¿Cómo no me iba a preocupar? Mi vida había cambiado de la noche a la mañana prácticamente, llenándome de limitaciones.

»Estuve tratándome un año y medio junto a un psicólogo especializado en ansiedad. Me encontraba realmente bien, hacía mi vida como siempre. Salía sola, con amigas, con mi pareja, iba a clases…

»Todo había vuelto a la normalidad. Decidimos retirar el tratamiento. Lo hicimos poco a poco y en unos tres meses había retirado la medicación. Todo marchaba bien, hasta que un día, haciendo mis prácticas en el hospital, me dio una crisis de ansiedad. Y con ella todos los miedos e inseguridades volvieron.

»Me fui corriendo a hablar con mi profesor, pues tenía la suerte de tenerlo en el mismo hospital donde yo cursaba mis prácticas de medicina. Decidió ponerme otra vez en tratamiento pero a menor dosis. Poco a poco fui ganando seguridad y de nuevo mi vida se normalizó. A los meses volvimos a intentar retirar el fármaco, pero todo volvió de nuevo.

»Fue entonces cuando conocí a Nessita. Leí su perfil, era de Cádiz como yo, sabía lo que era esto como yo, y lo había superado.

»Recuerdo cómo vi todos sus vídeos, me sentía muy identificada.

»Le ponía los vídeos a mi familia, a mi pareja y mis amigos. Por fin alguien verbalizaba lo que yo estaba sintiendo.

»Me decidí a contactar con ella, al principio dudé mucho. Yo era médico y por aquel entonces pensaba que si mi gremio no podía sacarme de ahí cómo lo iba a hacer una persona que no era ni psiquiatra ni psicólogo. Siempre he sido de ciencias, todo lo que explicara la ciencia era religión para mí.

»Quizá fue fruto de mi desesperación que me viera esperando a que me atendiera en su consulta. Salí de allí con mucha esperanza, deseando volver a consulta y seguir trabajando. Me dio una visión totalmente diferente de la ansiedad, fue aire fresco que necesitaba en mi asfixiada vida. Trabajé mucho de su mano. Poco a poco fui aprendiendo más y más sobre lo que me pasaba. Me enseñó un arsenal de herramientas para usar según la situación.

»Me enseñó a conocerme y a darme lo que necesitaba en todo momento, y con ello conseguí por fin romper las relaciones de dependencia que la agorafobia había creado. Me sentí libre. Soy libre.

»Un día me prometí que si conseguía salir de ese agujero dedicaría mi vida a ayudar a los demás a hacerlo.

»Así que me introduje en el mundo de las oposiciones buscando una plaza para especializarme en psiquiatría y tener así la oportunidad de devolverle al mundo todo lo maravilloso que me había dado este aprendizaje. A mitad de ese camino Nessita me propuso formarme en su metodología de forma profesional. No dudé ni un segundo. Acepté encantada. Por fin la vida me daba la oportunidad que estaba buscando.

»Desde entonces me dedico profesionalmente a acompañar a personas con trastornos asociados al miedo hasta su libertad, así como un día Nessita lo hizo conmigo.

»Es fabuloso ver cómo personas que están pasando lo mismo que yo viví un día, pueden sentir que recuperan las riendas de sus vidas trabajando de mi mano. Solo por eso ya merece la pena que yo haya tenido que pasar por un proceso de ansiedad.

»He tenido que hacer un gran trabajo conmigo para poder deshacerme de todas esas creencias que me limitaban, pues yo algún día sentí vergüenza de mi predisposición ansiosa.

»Ahora estoy aquí, abriendo mi corazón contigo por si mi relato puede ayudarte. Quiero compartir con el mundo mi aprendizaje, quiero compartirlo contigo.

»Ese "Ojalá no me estuviera pasando" que tantas veces me repetí, se ha transformando en un enorme "gracias".

»Gracias por haberme permitido conocerme mejor a mí misma, por aprender a gestionar mis emociones, por aprender a confiar, por liberarme de muchas creencias que me estaban limitando, por mejorar la relación con los demás y ganar en autoestima.

»Me paré, respiré, busqué ayuda y escuché. Yo pude, ahora es tu turno.

Círculo de amor

Han pasado varios meses desde que me senté delante del ordenador con la intención de ayudarte a enfrentar tus miedos, lo que no sabía entonces es que estaba a punto de enfrentarme a uno de los momentos más potentes de mi vida. Durante todo este tiempo, he podido sentir una vez más el miedo, me he enfrentado al cambio, he practicado la confianza, y todo lo que comparto contigo desde un compromiso conmigo misma queriéndome convertir con excelencia en el mayor ejemplo.

Puedo decir con total certeza que todo lo que te transmito nace de lo más profundo de mi ser y con total honestidad, sin embargo, no me cansaré de decir que de nada sirve dejarlo en la mente, de manera superficial. Hay que hacer un trabajo con constancia y llevar el aprendizaje a un nivel más profundo, integrarlo y bajar de la mente al corazón, hasta llegar al alma.

Bueno, mi valiente, he tratado de simplificar de forma amena y sencilla un contenido potente y de calidad que siembre semillas de consciencia hacia un nuevo entendimiento de esto que te ocurre.

Sin embargo, esto no se acaba, es solo el comienzo de una nueva aventura que te da la oportunidad de aprender, integrar y trabajar sobre todo lo que has ido leyendo en estas páginas.

Es muy importante que no te lleves todo a la mente, elige quedarte con lo que te ha resonado, y todo lo que sientas que no te sirve, deséchalo de inmediato. No pretendo convencerte de nada, respeto tu camino igual que el mío, y no seré yo quien tenga la osadía de creerme poseedora de una verdad absoluta.

Hagas lo que hagas, está perfecto para ti, forma parte del plan divino que vienes a experimentar.

No te creas nada de lo que te digo sin antes haberlo trabajado ni experimentado por ti mismo, y si te funciona, te pido que sigas la cadena y lo compartas con el mundo. ¡Gracias!

Agradecimientos

A todas aquellas personas que han confiado en mí a lo largo de todos estos años y han transformado sus vidas

A Nalia y a Marga. A Pía, Mariló, María, Almudena y Marta por la confianza demostrada en mis duros momentos, por participar con la generosidad de sus testimonios para los lectores de este libro, y por el cariño e implicación en seguir el legado. Y pasar de alumnas a compañeras.

A esas personas que me fallaron, decepcionaron, y que se llevaron al ego y al juicio todas mis heridas, porque han sido para mí enormes maestras para aprender a decidir lo que no quiero tener cerca

A mis hijas, mi familia, y muy especialmente a mi madre y mi hermana, por su apoyo incondicional y confianza ciega en mí.

A mi padre, mi primer gran Héroe, te amo.

A mi abuela María y mi abuelo José María, por haberme criado y seguir llenando de amor, atención y cuidado tanto a mí como a mis niñas.

A Álvaro, por tanto amor a todos los niveles, por tanto vivido, tanto aprendizaje juntos, siempre has sido, eres y serás una pieza importante y fundamental en mi vida. Te amo con lo más profundo de mi ser

A mi almita gemela Eli, por ser inseparable e inquebrantable.

A mis amigos, los de siempre y los que han aparecido y comparten diversión y trocitos de mi existencia.

A Rocío Carmona, por la confianza depositada en este propósito. Para mí escribir para la editorial Urano es un sueño hecho realidad.

Muy especialmente, gracias al doctor álvaro López Juan, por aparecer en mi vida y revolucionar mi existencia, confiar en mí y agarrarme de su mano para acompañarme en mi verdadero propósito.

A todos vosotros, los que me regaláis un rato de vuestro preciado tiempo para atender a mi experiencia.

A Jesús de Nazaret, por ser en quien deposito mi confianza, por marcar los pasos de mi misión de vida, y por protegerme y cuidarme cada día de mi vida.

ECOSISTEMA DIGITAL

NUESTRO PUNTO DE ENCUENTRO

www.edicionesurano.com

2 AMABOOK
Disfruta de tu rincón de lectura
y accede a todas nuestras **novedades**
en modo compra.
www.amabook.com

3 SUSCRIBOOKS
El límite lo pones tú,
lectura sin freno,
en modo suscripción.
www.suscribooks.com

DISFRUTA DE 1 MES
DE LECTURA GRATIS

1 REDES SOCIALES:
Amplio abanico
de redes para que
participes activamente.

4 APPS Y DESCARGAS
Apps que te
permitirán leer e
interactuar con
otros lectores.